公司房地产与企业绩效

基于中国上市公司的实证研究

Corporate Real Estate and Corporate Performance

An Empirical Study Based on Chinese Listed Companies

杜红艳◎著

中国经济出版社
CHINA ECONOMIC PUBLISHING HOUSE
·北京·

图书在版编目（CIP）数据

公司房地产与企业绩效：基于中国上市公司的实证研究 / 杜红艳著. -- 北京：中国经济出版社，2025. 8. -- ISBN 978 - 7 - 5136 - 8053 - 0

Ⅰ. F279. 246

中国国家版本馆 CIP 数据核字第 2025LX0780 号

责任编辑　李若雯
责任印制　李　伟

出版发行　中国经济出版社
印 刷 者　北京建宏印刷有限公司
经 销 者　各地新华书店
开　　本　710mm × 1000mm　1/16
印　　张　12. 25
字　　数　200 千字
版　　次　2025 年 8 月第 1 版
印　　次　2025 年 8 月第 1 次
定　　价　78. 00 元
广告经营许可证　京西工商广字第 8179 号

中国经济出版社 **网址** http://epc. sinopec. com/epc/ **社址** 北京市东城区安定门外大街 58 号 **邮编** 100011
本版图书如存在印装质量问题，请与本社销售中心联系调换（联系电话：010 - 57512564）

前言 Preface

随着经济全球化的深入发展和市场竞争的加剧，企业的资产管理方式日益受到关注。公司房地产作为企业资产的重要组成部分，既能为企业提供生产经营所需的物理空间，也可以通过资本增值或出租产生额外的经济收益。因此，如何有效管理和配置公司房地产，成为企业优化资源、提升竞争力的重要议题之一。然而，长期以来，学术界对公司房地产管理的研究主要集中在发达国家，对中国企业在这一领域的研究相对较少，尤其是在中国独特的经济、政策和市场背景下，企业在房地产持有和管理中的行为、动机及其对企业业绩的具体影响，尚缺乏系统性的研究与探讨。

鉴于此，本书旨在填补中国企业的公司房地产管理研究空白，并为企业在动态环境中做出科学的房地产决策提供理论依据和实证支持。本书以中国A股上市企业为研究对象，涵盖2007—2022年数据，从企业的角度全面探讨了公司房地产持有、交易、购置与剥离行为对企业业绩的影响。

本书的创新性主要体现在以下几个方面：首先，本书拓展了研究对象，通过对中国A股上市企业的公司房地产管理行为的实证分析，揭示了中国企业在不同行业、所有制背景下的公司房地产管理特征；其次，本书采用丰富的研究方法，包括固定效应模型、事件研究法以及机器学习算法等，确保研究结果的稳健性和准确性；最后，研究视角新颖，本书从非线性关系的视角出发，探讨了公司房地产持有率与企业业绩之间的倒“U”形关系。

本书的研究工作得益于多位学者、同行专家以及技术团队的帮助，在此表示衷心的感谢！我们希望本书的研究成果，能够为中国企业提供更加科学的公司房地产管理理论与实践指南，帮助企业在快速变化的市场环境中，实现资源的合理配置与长期可持续发展，并期待未来能够在公司房地产管理方向进行更加深入的研究。

目 录
Contents

第 1 章

导　　论

1.1 公司房地产的概念界定

公司房地产（Corporate Real Estate，CRE）的概念有狭义、广义和扩展三个层面的界定。

第一层面：狭义的公司房地产是指非房地产企业因生产经营需要持有的房地产。Manning 和 Roulac（1999）将公司房地产定义为“为传统企业的生产活动提供场所的房地产”。Kenley（2000）认为公司房地产对企业的首要价值并不是投资价值，而是能为企业经营提供场所。因此，将房地产视为其投资战略的主要组成部分或部分组成部分的企业，其持有的如房地产投资信托基金（Real Estate Investment Trusts，REITs）、退休基金等房地产资产，不在公司房地产的范围之内。此定义得到了 Silverman（1987）、Adendorf 和 Nikado（1996）、Deeble（2000）以及 Yontz（2001）等研究的支持。Adendorf 和 Nikado（1996）根据不同的用途将公司房地产分为商业用房、零售用房、工业用房、仓库和办公用房五类。

第二层面：广义的公司房地产是指非房地产企业持有的生产经营性房地产和投资性房地产。Kooymans（2000）在第一层面定义的基础上进行了扩展，他认为公司房地产是指非房地产企业为支撑主营业务而持有的房屋建筑物和土地，无论其是用于生产经营，还是用于获取投资收益。这一定义得到了大部分研究的支持，如 Hiang 和 Ooi（2000）、Liow（2004）及 Liow 和 Ooi（2004）等。

第三层面：扩展的公司房地产是指企业持有的所有房地产，既包括非房地产企业持有的生产经营性房地产和投资性房地产，也包括房地产开发企业和房地产投资信托企业等持有的房地产组合。与大部分研究不同，在第二层面定义的基础上，Rodriguez 和 Sirmans（1996）将 REITs 持有的房地产组合也纳入公司房地产的范畴。20 世纪 90 年代，有许多学者在公司房地产的主题下对 REITs 进行了研究。Manning 和 Roulac（1999）指出，这可能是因为在早期的研究中，REITs 的数据比较容易取得，其他公司房地产数据不易取得。

基于我国企业的房地产管理实践和会计制度，本书认为广义的公司房地产定义更具适用性，即公司房地产是指非房地产企业为支持主营业务而持有的房屋建筑物和土地，包括生产经营性房地产和投资性房地产，不包括从事房地产开发、投资等相关业务的企业所持有的房地产。如此定义主要基于以下考虑：第一，非房地产企业持有房地产的用途、管理方式和收益来源均不同于房地产企业。第二，随着企业活动的变化、房地产市场和资本市场的发展，房地产的投资属性逐渐被企业重视。随着企业规模的扩大，许多企业开始通过投资房地产达到分散风险的目的。第三，生产经营性房地产和投资性房地产在一定程度上可以相互转化，难以严格区分。由于企业内外部各种因素的影响，企业对房地产的需求会不断变化，其持有的房地产的用途也会随之变化。比如，当企业处于收缩期时，对生产经营性房地产的需求减少，空置的部分就可能被企业出租，此时，生产经营性房地产就转化为投资性房地产。第四，已有研究大都采用第二层面的定义来界定公司房地产，本书采用相同的定义便于将研究结果与已有研究进行对比。

此外，按照公司房地产在企业中的战略地位、持有的时间长短以及是否需要购置等特征，可以将其分为五类（Wills，2008）：一是战略性房地产，即企业因生产经营或长期战略需要而持有和控制的房地产，一般以购置方式取得。二是地标性/旗舰性房地产，即企业因公司形象或文化需要而持有和控制的房地产，如果企业选择租赁获得，一般租期较长。三是核心房地产，即企业因中长期经营需要而控制的房地产，比如工业、零售业和商业用房，可租赁获得。四是外围房地产，即企业因偶尔的周期性需要而短期持有的房地产，比如仓储用房和服务性办公用房，多为租赁获得。五是过剩房地产，也称为处置性房地产，即因企业需求发生变化而被空置的房地产，它们不再符合企业的中长期战略和规划。

1.2 公司房地产的持有动机

自20世纪80年代以来，公司房地产在企业中的角色逐渐由单一的“生产要素”转变为“战略资源”，并被视为继资本、劳动力、技术和信息后的第五大企业资源，对企业的生产经营活动及企业价值有着重要影响。企业的持有动机可以总结为以下三类：

第一，核心业务驱动。一是满足自身运营需求。生产经营性房地产主要包括工厂、仓库、办公室等房屋建筑物以及用于相关建设的土地使用权，可直接用于企业的生产、存储和管理等核心业务活动，满足企业生产经营的物理空间需求。例如，华为公司在深圳坂田拥有占地超过1平方千米的华为基地，容纳了大量的研发、办公、生产设施，用于支持其全球业务运营。二是提升运营效率。企业可以根据自身需求对持有的自用型房地产进行空间布局和功能设计，提高空间利用率，优化生产流程，从而提升运营效率，降低成本。例如，京东自建物流体系，并在全国各地建设了大量的仓储物流中心，通过自持物流设施，更好地控制物流成本和效率。三是增强经营稳定性。持有生产经营性房地产可以增强企业的长期稳定性，减少对外部租赁市场的依赖，并在市场紧缩或危机时期提供更大的经营灵活性。四是控制关键资源。对于一些依赖特定地理位置或资源的企业，持有自用型房地产可以确保对关键资源的控制权。例如，矿产企业需要持有矿山附近的土地，用于开采和加工。五是增强品牌形象。自有的办公楼、旗舰店等可以提升企业的品牌形象和知名度。许多大型企业选择在核心地段建造标志性建筑作为总部，以彰显企业实力和品牌形象。

第二，投资收益驱动。一是获得租金收益。企业可以将部分自用型房地产及投资性房地产出租给其他公司以获取租金收益，如将闲置的厂房或办公楼出租。二是实现资产增值。房地产本身具有保值增值的特点，企业可以通过持有房地产来实现资产的长期增值，如购买地段优越的土地或房产并长期持有。三是分散投资风险。将部分资金投入房地产行业，可以分散企业单一投资的风险，如将部分资金用于购买商铺或写字楼，以分散经营风险。

第三，战略发展驱动。一是支持业务扩张。企业在进行业务扩张时，可能需要提前购置土地或房产，为未来的发展预留空间，如连锁企业为了开拓新市场，会提前购置门店。二是进行战略布局。企业可以通过在特定区域或城市持有房地产来实现自身的战略布局，如为了进入某个市场，企业会先在该地区购买办公楼或厂房。三是获取政策优惠。一些地方政府为了吸引企业投资，会提供土地、税收等方面的优惠政策，企业可以通过持有房地产来获得这些政策优惠。

1.3 公司房地产的发展现状及趋势

1.3.1 不同地区公司房地产市场的发展特点

不同地区的公司房地产呈现出明显的差异性，这些差异源于各地区的经济发展水平、企业的资产管理策略以及政策环境的不同。为了更清晰地了解各地区公司房地产的持有现状及特征，下面对北美、欧洲、亚太及其他地区的公司房地产发展特点进行对比分析。表1-1展示了这些地区在公司房地产的主要发展特点、主要投资领域和面临的挑战与风险方面的差异，为企业在全球化背景下制定房地产战略提供了有力的参考。

表1-1 全球各地区公司房地产发展特点对比

地区	主要发展特点	主要投资领域	面临的挑战与风险
北美地区	公司房地产市场成熟，房地产持有率较高，且资本市场较为发达	商业办公楼、物流仓储、零售地产	高昂的成本、政策调控、不动产税
欧洲地区	强调可持续发展和绿色建筑，政府监管较为严格，市场分布广泛且多元化	办公楼、零售地产、高端商业地产、绿色建筑	严格的环保标准、城市规划和政策干预
亚太地区	快速城市化和人口增长推动公司房地产需求增加，发展中国家与发达国家发展不平衡	商业办公楼、工业地产、物流仓储	政治风险、市场波动、外汇和税收政策变化
其他地区	公司房地产市场发展潜力大，尤其在阿联酋和南非等国，但整体市场尚处于初步阶段	商业综合体、物流和工业地产	政治不稳定、法律框架不完善、融资困难

（1）北美地区。

北美地区，特别是美国的公司房地产市场，是全球最为成熟且具有高度流动性的市场之一。美国企业的公司房地产持有比例较低，这是因为它们依赖资本市场进行融资，而不是长期持有不动产。根据 Veale（1989）、Rodriguez 和 Sirmans（1996）的研究，通过访谈和分析资产负债表数据可知，美国公司房地产的持有量占其总资产的 20%~25%。Nelson 等（1999）进一步补充指出，若考虑通货膨胀因素，公司房地产持有比例可达40%~80%，表明公司房地产是企业资产结构中的重要组成部分。Tuzel（2005）报告称，美国非房地产企业的公司房地产价值超过 1000 亿美元，房地产资产约占企业实物资本的 30%。

美国的公司房地产主要集中在商业办公楼、物流仓储、零售地产等领域。近年来，随着科技行业和金融服务行业的快速扩展，硅谷、纽约等地对高端办公空间的需求急剧增长。2022 年，纽约市的办公楼投资总额超过 300 亿美元，纽约成为全球最大的公司房地产市场之一。此外，美国企业在房地产管理方面依赖于资本市场融资，特别是通过 REITs 进行房地产投资与管理。REITs 模式允许企业将房地产资产转变为流动性强的金融产品，从而减少长期持有房地产带来的资金压力。这种对资本市场的依赖为企业提供了更多的资金灵活性，减少了传统长期持有不动产的风险。

同时，新冠疫情引发了远程办公和灵活办公的趋势，推动了共享办公空间的普及。美国许多大型企业减少了传统办公楼的持有比例，转向租赁灵活的办公空间以应对新的工作模式。例如，波士顿、旧金山等城市的企业纷纷采用灵活的办公租赁方式，以优化资本配置，减少长期办公地产的负担。

（2）欧洲地区。

欧洲地区的公司房地产市场展现出与北美地区不同的格局。欧洲企业更倾向于长期持有房地产资产，而不是通过资本市场融资来降低持有成本。根据 Laposa 和 Charlton（2001）、DTZ（2003）的数据，70% 以上的欧洲企业持有房地产资产，反映了这一地区根深蒂固的企业文化。Liow

（1999）指出，英国的公司房地产通常占企业总资产的30%~40%，而Seger等（2022）研究显示，尽管2011—2021年英国企业的房地产持有比例有所下降，但伦敦等金融中心的房地产市场依然表现活跃。

在欧洲地区，公司房地产投资主要集中于办公楼、零售地产、高端商业地产等领域，特别是伦敦、巴黎、法兰克福等主要金融城市的公司房地产需求强劲。2022年，伦敦的商业房地产投资总额达到230亿美元，伦敦市场依然是欧洲公司房地产的投资热点之一。此外，欧洲公司房地产市场的一个重要特征是对可持续发展和绿色建筑高度关注。近年来，许多企业，尤其是跨国公司，如壳牌和道达尔，积极投资于节能建筑和绿色设施，以符合欧盟的环保法规和可持续发展目标。

这种重视可持续发展的趋势在企业房地产管理中日益凸显，企业不仅希望通过持有房地产资产获得长期的稳定收益，还希望通过绿色建筑和节能项目降低运营成本，提升企业社会责任形象。

（3）亚太地区。

亚太地区的公司房地产市场在过去几十年呈显著的增长趋势。根据Liow（1999）和Ting（2004）的研究，新加坡企业将40%的资源投入公司房地产中，房地产在其固定资产中的占比超过50%。马来西亚企业公司房地产的市值占其总市值的20.7%，且在其有形资产中，房地产的比例达到24%。Chun和Tjung（1999）研究发现，亚太地区的公司房地产占比总体较高，非日本企业的公司房地产占其总资产的39%，日本企业的这一比例为36%。

亚太地区的公司房地产投资主要集中在商业办公楼、工业地产和物流仓储领域。特别是在中国，随着经济快速增长和城市化进程加快，企业对一线城市（如北京、上海、广州、深圳）商业地产的需求持续增加。2022年，中国的公司房地产总投资额超过1500亿美元，集中在一线城市的商业办公楼和工业地产上。尤其是电子商务的蓬勃发展带动了物流地产和数据中心的投资需求，这成为企业房地产投资的一个新兴热点。

此外，日本公司房地产市场的特征与其他亚太国家不同。由于人口老龄化的影响，日本企业在房地产投资上更加注重长期收益和资产保值能力，尤其在商业办公楼领域。日本企业的房地产持有策略更为保守，企业通常会持有较高比例的房地产，以确保企业资产的安全性和稳定性。

（4）其他地区。

中东和非洲、拉丁美洲等地区的公司房地产市场在全球房地产市场中的表现较为不均衡。其中，阿联酋、卡塔尔等富油国家依靠充裕的资金，构建了大量高端商业地产项目。迪拜等城市的跨国企业对办公楼和零售地产的需求不断增加。与此同时，非洲大部分国家的公司房地产市场发展较慢，但南非、肯尼亚等少数经济较发达的国家开始重视公司房地产投资。拉丁美洲的公司房地产市场发展较晚，但巴西和墨西哥等国的城市化进程推动了公司房地产的扩展，特别是在物流和工业地产方面表现突出。

中东地区的公司房地产发展得益于政府对大型基础设施项目的支持，企业通过房地产投资获取高额收益。非洲部分国家则依赖国际企业的投资，推动了公司房地产市场的发展。拉丁美洲的公司房地产市场由于政治和经济的不稳定性，面临较大风险，但跨国企业对物流仓储和办公楼的投资不断增加。

综上所述，这些地区的公司房地产持有与经济发展水平和政府政策密切相关。富油国家通过稳定的资金支持构建了全球知名的商业地产项目，而其他新兴经济体则通过政府改革和吸引外资的方式推动公司房地产的发展。

1.3.2　公司房地产市场的发展趋势

进入 21 世纪以来，科技进步、经济全球化和工作方式的转变等多重因素交织，推动着全球公司房地产市场经历前所未有的变革。企业不再将房地产单纯视为固定资产，而是将其视为提升效率、吸引人才、塑造企业文化和增强品牌竞争力的战略工具。随着市场环境的变化，房地产市场呈现出一系列新的发展趋势，如表 1－2 所示。

表 1-2　全球公司房地产的发展趋势

趋势	驱动因素	表现形式	案例	企业影响
灵活办公空间崛起	互联网和移动技术普及 个性化和灵活性的工作环境 灵活办公空间优势明显	联合办公空间 共享办公空间 服务式办公室 远程办公 卫星办公室	Dropbox 云办公 字节跳动办公	提高工作效率 降低成本 提升灵活性
可持续发展和健康建筑理念	政策法规 企业社会责任 员工健康福祉 品牌形象塑造	绿色建筑 节能技术 健康建筑材料 舒适宜人的办公环境 绿色办公理念	联合利华中国总部 谷歌伦敦总部	降低能耗和运营成本 提升员工的身心健康水平和工作效率 提升品牌形象，增强市场竞争力
房地产科技赋能	技术进步 市场需求 资本推动	智能楼宇管理系统 实时监测办公空间 虚拟看房 智能办公平台 数据支持	仲量联行楼宇管理 霍尼韦尔智慧建筑 中国平安智能选址	提高运营效率 降低成本 提供决策支持
混合办公模式	技术赋能 疫情影响 员工需求	协作空间设计 视频会议系统 灵活办公空间 舒适、人性化的办公环境	微软总部 Salesforce 社区中心	提高员工满意度 吸引和留住人才 降低租金成本
房地产战略灵活性	经济不确定性 业务模式变化 财务风险控制	短期租赁 租赁与自持相结合 售后回租	亚马逊租赁 汇丰银行售后回租	分散投资风险 提升资产流动性 提高盈利能力和市场竞争力

下面将详细探讨全球公司房地产市场的五大发展趋势，并深入分析其背后的驱动因素及对企业的影响。

（1）灵活办公空间崛起：从“拥有”到“使用”。

传统的企业办公模式倾向于拥有独立的办公大楼，以彰显企业实力和稳定性。然而，随着千禧一代和 Z 世代逐渐成为职场主力军，他们对灵活工作时间和地点的偏好日益凸显，促使企业重新思考办公空间的定义。灵活办公空间应运而生，其核心是从“拥有”到“使用”，强调空间的灵活性和功能性，以满足员工多元化的工作需求。这一趋势的驱动因素主要包括：互联网和移动技术的普及使得远程办公、移动办公、弹性工作制等新型工作方式成为可能；年青一代更加注重工作与生活的平衡，追求个性化和灵活性的工作环境；灵活办公空间可以帮助企业降低租金成本、减少闲置空间、提高空间利用率，以应对快速变化的市场环境和业务调整。

灵活办公空间的表现形式多种多样，包括：为个人和企业提供共享办公桌、私人办公室、会议室等设施，并配备高速网络、打印机、咖啡吧等配套服务的联合办公空间，如 WeWork、氪空间等；由企业自主运营，将部分办公区域出租给其他公司或个人使用，以实现资源共享和成本分摊的共享办公空间；提供全套办公设施和服务的即租即用型办公室，适合短期租赁或快速扩张的企业的服务式办公室；允许员工在家或其他地点办公，通过网络和通信工具与公司保持联系的远程办公；在城市中心以外设立小型办公点，方便员工就近办公，并降低通勤成本的卫星办公室；等等。

灵活办公空间的兴起对企业产生了多方面的影响。首先，灵活的办公环境可以满足员工个性化需求，提升工作幸福感，进而提高工作效率。其次，灵活办公环境减少了对固定办公空间的依赖，可以降低租金、物业、水电等运营成本。最后，灵活办公空间模式可以帮助企业快速响应市场变化，灵活调整业务规模和布局，提升企业的灵活性。跨国科技公司 Dropbox 将总部办公室改造为“云办公空间”，员工可以根据需要选择不同的工作区域，并鼓励远程办公，员工满意度和工作效率显著提升。中国互联网公司字节跳动在北京、上海等地设立多个办公区，并允许员工跨区域办公，以满足其快速发展的业务需求，便是很好的例证。

（2）可持续发展和健康建筑理念成为主流：从“功能性”到“体验感”。

随着全球气候变化和健康意识的增强，企业越来越重视自身的环境责任和员工福祉。坚持可持续发展和健康建筑理念逐渐从“选择题”变为“必答题”，成为企业打造负责任形象、吸引人才、提升品牌价值的重要途径。这一趋势的驱动因素主要来自政策法规、企业社会责任、员工健康福祉和品牌形象塑造等方面。越来越多的国家和地区出台相关政策法规，鼓励和引导企业建设绿色建筑，如设立 LEED、BREEAM 等绿色建筑认证体系；企业积极履行环境责任，降低碳排放，提升品牌形象，以获得投资者和消费者认可；健康舒适的办公环境可以提升员工身心健康水平、降低病假率、提高工作效率；而可持续发展和健康建筑理念与企业责任、创新、以人为本的品牌形象相契合，也有利于企业塑造良好的品牌形象。

可持续发展和健康建筑理念的具体表现形式包括：获得 LEED、BREEAM 等国际权威绿色建筑认证，证明建筑在节能环保、健康舒适等方面具有优异表现；采用太阳能光伏发电、地热能利用、雨水收集利用、智能照明控制等技术，降低建筑能耗和碳排放；使用低挥发性有机物（VOC）排放的装饰材料、家具和办公用品，改善室内空气质量，保障员工健康；最大限度引入自然光线，并确保室内通风良好，创造舒适宜人的办公环境；推行垃圾分类、节约用水用电、绿色出行等绿色办公理念，倡导环保健康的生活方式。

可持续发展和健康建筑理念的兴起对企业运营与品牌价值提升都起到积极的推动作用。首先，节能减排技术可以降低建筑能耗和运营成本，为企业带来直接的经济效益。其次，健康舒适的办公环境可以提升员工的身心健康水平和工作效率，激发员工的工作积极性和创造力。最后，可持续发展和健康建筑理念有助于提升企业品牌形象，增强市场竞争力，为企业赢得更多商业机会。而对于越来越注重企业的社会责任和环境保护意识的优秀人才而言，绿色健康的办公环境可以成为吸引人才的重要因素。联合利华中国总部大厦获得 LEED 铂金级认证，采用太阳能热水系统、雨水收集系统、智能照明控制系统等绿色技术，每年节约能源超过 30%；谷歌伦敦总部设计注重自然采光和通风，屋顶设有花园和跑道，为员工提供健康舒适的办公环境，便是其中的典范。

（3）房地产科技赋能产业升级：从“经验管理”到“数据驱动”。

随着人工智能、物联网、大数据、云计算等新一代信息技术的飞速发展，房地产科技（PropTech）正在深刻地改变着公司房地产行业的各个环节，推动其从“经验管理”向“数据驱动”转变。技术进步、市场需求和资本推动是房地产科技稳健发展的动力。人工智能、物联网、大数据等技术的成熟和应用成本的降低，为房地产科技的快速发展奠定了技术基础。企业对提高运营效率、降低成本、提升办公体验的需求日益迫切，推动了房地产科技的应用落地。近年来，全球风险投资机构纷纷加大对房地产科技领域的投资，为其发展注入强劲动力。

房地产科技的应用形式呈现出多元化趋势，包括：通过传感器、控制器、软件平台等技术手段，实现对楼宇内各种设备和系统的智能化控制与管理，如使用照明、空调、电梯、安防等子系统集成的智能楼宇管理系统，提高运营效率、降低能耗成本；利用传感器、摄像头、数据分析等技术，实时监测办公空间的使用情况，识别闲置空间，优化空间布局，提高空间利用率；利用VR/AR技术，为客户提供沉浸式的虚拟看房体验，帮助企业更直观地展示办公空间，提高租赁效率；整合各种办公软件和硬件资源，为员工提供一站式的办公服务，如会议室预订、访客管理、文档共享、在线协作等提升工作效率的智能办公平台；利用大数据分析技术，对公司房地产相关数据进行深度挖掘，为企业选址、租赁、投资、运营等提供数据支持。

房地产科技的应用对公司房地产管理效率提升和成本降低起到显著的积极作用。自动化、智能化的楼宇管理系统可以降低人工成本，提高运营效率；优化空间利用率、降低能耗成本，可以帮助企业节省运营成本；智能办公平台和个性化服务可以提升员工的办公体验与工作效率；数据分析可以帮助企业做出更科学、更精准的决策。例如，仲量联行推出智能楼宇管理平台，利用人工智能和物联网技术，为客户提供预测性维护、能源管理、空间优化等服务；在第五届进博会上，霍尼韦尔展示了智慧建筑解决方案，通过连接建筑设备、分析运行数据，助力楼宇管理者降低建筑能耗和提升运营效率；中国平安利用大数据和人工智能技术，构建了智能选址模型，帮助其在全国范围内快速、精准地选择合适的办公地点。

（4）混合办公模式重塑办公空间：从“物理空间”到“连接体验”。

新冠疫情加速了远程办公和混合办公模式的普及，颠覆了传统的办公模式和理念。企业逐渐意识到，办公空间不再仅仅是员工处理工作任务的场所，更应该是促进团队协作、激发创新思维、增强员工归属感的“连接器”。技术赋能、疫情影响和员工需求是推动混合办公模式兴起的三个主要因素。视频会议、在线协作工具的普及，为远程办公和混合办公提供了技术保障；新冠疫情迫使企业实施远程办公模式，并逐渐意识到混合办公模式的优势；员工不断追求更加灵活的工作模式，以平衡工作与生活。

混合办公模式的普及对办公空间的设计和功能提出了新的要求。办公空间功能从传统的以工位为主的布局，转变为更加注重协作、社交、休闲等功能的空间设计，如设置更多的会议室、休息区、咖啡吧等；企业需要设置更加先进的视频会议系统、在线协作平台，为远程和线下员工提供无缝连接的办公体验；根据员工的实际需求，提供可灵活调整的办公空间，如可移动的办公桌椅、可组合的会议室等弹性办公空间；此外，企业更加注重员工体验，提供更加舒适、人性化的办公环境，例如人体工程学家具、健康餐饮、健身设施等，以提升员工的幸福感和归属感。

混合办公模式的兴起为企业带来了多方面的利好影响。首先，混合办公模式可以满足员工对灵活性和自主性的需求，提升工作满意度，增强员工的归属感。其次，灵活的工作模式可以帮助企业在竞争激烈的市场环境下吸引和留住优秀人才。最后，减少固定工位的数量，可以提高空间利用率，降低租金成本，帮助企业更加高效地利用办公空间。精心设计的办公空间可以促进员工之间的沟通和协作，激发创新思维，为企业持续发展注入不竭动力。例如，微软宣布永久实施混合办公模式，并将其总部办公室改造为更加灵活和以活动为基础的办公空间；Salesforce 将其旧金山总部改造为社区中心，为员工提供更加多元化的工作和社交空间，以支持混合办公模式。

（5）企业房地产战略更加注重灵活性：从“长期持有”到“灵活组合”。

面对充满不确定性的全球经济形势和快速变化的商业环境，企业不断增进公司房地产战略的灵活性。传统的“长期持有”模式正在被“灵活组合”模式取代，以降低风险、提高资产流动性，并更好地适应未来变化。经济不确定性、业务模式变化和财务风险控制是推动这一趋势的三大主要因素。全球经济增长放缓、地缘政治风险加剧，使得企业未来发展充满不确定性，企业更加谨慎地进行房地产投资；科技进步、数字化转型、新兴产业崛起，不断催生新的商业模式，企业需要更加灵活的办公空间解决方案，以适应快速变化的业务需求；长期持有房地产资产会占用大量资金，降低企业资产流动性，增加财务风险，企业需要采取更加灵活的房地产投资方式来降低风险。

企业房地产战略更加注重灵活性主要体现在以下几个方面：企业倾向于选择更短的租赁期限，以降低长期租赁带来的风险和成本；与自持相比，租赁可以降低企业初始投资成本，提高资产流动性，并获得更灵活的办公空间解决方案，因此企业会逐渐增加租赁在公司房地产战略中的比例；企业将租赁和自持相结合，根据自身情况和市场变化，灵活调整公司房地产组合；此外，一些企业开始利用售后回租的方式，将自有房产出售给专业房地产投资机构，并回租使用，以盘活资产，获得资金用于发展核心业务。

更加灵活的房地产战略为企业在充满不确定性的市场环境中提供了应对风险和挑战的有效方式。首先，灵活的房地产战略可以降低企业对单一资产的依赖程度，分散投资风险，在一定程度上减少经济波动对企业造成的负面影响。其次，增加租赁比例、缩短租赁期限，可以提高企业资产流动性，增强抵御风险的能力，为企业的长远发展提供稳定的现金流。最后，将资金集中于核心业务，可以提高企业的盈利能力和市场竞争力，推动企业实现高质量发展。灵活的房地产战略可以帮助企业快速响应市场变化，调整业务规模和布局，在激烈的市场竞争中赢得先机。例如，近年来亚马逊不断扩大租赁办公空间的比例，以满足其快速扩张的业务需求，并降低投资风险；汇丰银行将其伦敦总部大楼出售，并回租部分楼层作为办公场所，以盘活资产，优化资产结构。

全球公司房地产市场正在经历一场前所未有的变革，企业需要积极拥抱变化，调整公司房地产战略，将其与企业整体战略目标相匹配。未来的办公空间将更加灵活、智能、可持续、以人为本，并与科技和数据深度融合，为企业创造更大的价值。

1.3.3 中国公司房地产市场的发展阶段与特征

1.3.3.1 中国公司房地产市场的发展阶段

中国公司房地产市场的发展大致可以分为三个主要阶段：初级发展阶段（1978—1989 年）、快速发展阶段（1990—2009 年）、成熟阶段（2010 年至今）。以下是对这三个阶段的深入分析。

（1）第一阶段：初级发展阶段（1978—1989 年）。

改革开放初期，中国公司房地产市场处于起步阶段，房地产行业尚未形成完整的市场机制。1978 年，改革开放政策的实施带来了中国经济的转型，国有企业在这一阶段开始获得自主权，能够自主管理和开发房地产资产。虽然当时企业持有的房地产主要是办公楼、工厂等生产性资产，但这些资产的市场化程度较低，仍然主要用于满足企业内部需求。

这一时期的政策背景决定了公司房地产的持有率较低。由于土地资源归国家所有，企业只能通过行政分配或长期租赁方式获得土地使用权。房地产行业的发展主要依赖于国有企业，市场化运作较为有限。根据相关数据，20 世纪 80 年代，中国企业持有的房地产主要为自用资产，占总资产的比例较小，且缺乏专业的房地产管理模式。这一阶段的企业房地产市场具有高度行政化、非市场化的特征，企业对房地产的投资和管理更多是出于生产性目的，缺乏商业化运作的动力。

（2）第二阶段：快速发展阶段（1990—2009 年）。

自 20 世纪 90 年代起，中国的公司房地产市场进入快速发展阶段。1994 年《中华人民共和国城市房地产管理法》的颁布和 1998 年住房制度改革的实施，标志着房地产的全面市场化。企业开始通过市场手段获取土地使用权，房地产逐渐成为企业的重要资产。随着中国加入世界贸易组织（WTO），外资企业的进入加速了中国公司房地产市场的扩展，外资企业对商业办公楼和工业地产的需求迅速增加，也推动了国内企业对房地产持有方式的重新审视。

在这一阶段，企业逐渐认识到公司房地产在资产管理和资本运作中的战略价值。根据相关统计，2000 年前后，中国非房地产企业的房地产资产占总资产的比例逐步提高，平均占比达到 25% 左右。在一线城市，尤其是北京、上海、广州，企业的房地产投资主要集中在商业办公楼、厂房和物流仓储领域。这一阶段的公司房地产行业呈现出高度城市化、市场化的特点，企业开始通过购置或租赁办公楼、厂房等来扩展业务。随着企业规模的扩大，房地产资产成为企业资产负债表上的重要部分。

此外，REITs 的发展为企业提供了新的融资渠道，企业通过资本市场筹集资金进行房地产投资。根据 2005 年的数据，中国的非房地产企业通过不同渠道持有的房地产资产总值达到数万亿元，房地产资产占企业固定资产的比重也逐年上升。这一时期的房地产投资回报率较高，企业通过房地产投资和资产管理实现了资产增值。

（3）第三阶段：成熟阶段（2010 年至今）。

2010 年之后，中国公司房地产市场进入了成熟阶段。在这一阶段，政府出台了一系列调控政策，旨在防止房地产市场的过热和投机行为。与此同时，企业逐渐从单纯追求房地产投资回报转向更加注重资源配置的高效性和资产的优化管理。

随着中国经济进入"新常态"，企业不再单纯依赖自持房地产来扩展业务，而是更多地采用租赁、售后回租等灵活的资产管理方式。近年来，随着企业对绿色建筑和可持续发展越发重视，越来越多的企业开始投资于绿色办公楼和节能设施，以减少能源消耗和提升企业形象。根据非营利机构美国绿色建筑委员会（USGBC）发布的"LEED 绿色建筑认证在中国 2020"数据，截至 2020 年，中国共有 6273 个 LEED 项目，总面积超过 3.2 亿平方米。其中，2020 年全国新增 LEED 注册项目 1190 个，同比增长 50.06%；新增 LEED 认证项目 873 个，同比增长 128.53%。

此外，随着"一带一路"倡议的推进，越来越多的中国企业通过跨国投资和并购进行全球化布局，特别是在东南亚和欧洲地区的公司房地产投资逐步增加。根据 2022 年的数据，中国企业的海外房地产投资额超过了 1500 亿美元，特别是在物流仓储和工业地产领域表现突出。企业通过国际化战略，优化了资产配置，提高了全球市场竞争力。

以上三个阶段的发展过程表明，中国公司房地产市场逐渐从初级阶段的非市场化运作，转向以市场为导向的资产管理模式，并逐步走向成熟。企业在不同阶段对公司房地产的认知和管理方式发生了根本性的变化，特别是在资产管理、资本运作和可持续发展方面的提升，为企业的长期发展奠定了坚实的基础。

1.3.3.2 中国公司房地产市场的发展特征

中国公司房地产与国际上其他地区的公司房地产相比，既存在相似之处，也有显著的差异。以下将从几个关键方面对其相同点和不同点进行深入分析。

（1）相似特征。

第一，房地产作为企业的重要资产。与全球其他地区类似，中国公司房地产在企业资产中占据重要地位。无论是在中国市场还是国际市场，房地产都被视为固定资产的一部分，企业通过持有和管理房地产来满足生产经营、资本增值和提升企业形象的需求。根据中国《全国企业年度统计报告》数据，2015 年非房地产上市企业持有的公司房地产占总资产的 20.66%。这与美国、欧洲等发达国家（地区）的公司房地产持有情况相似，比如美国企业的公司房地产持有率平均在 20%~25%（Veale，1989；Rodriguez and Sirmans，1996）。

第二，房地产资产的多元化运作。在国际上，企业越来越重视灵活运用公司房地产资产来提升运营效率，减少资本占用。这一趋势同样在中国市场显现，企业不再单纯依赖长期持有不动产，而是更多地采用租赁、售后回租等模式。例如，许多中国企业正在采用类似于美国的 REITs 等金融工具，优化房地产管理和融资。特别是在大型城市中，企业更多选择灵活的办公空间，以应对快速变化的市场需求。

第三，绿色建筑和可持续发展趋势。全球企业越来越注重可持续发展和环保问题，推动了绿色建筑的兴起。中国公司房地产市场也不例外，近年来，中国获得 LEED 认证的绿色建筑数量显著增加，特别是在办公楼和工业地产领域。与全球其他地区一样，中国企业投资绿色建筑不仅是为了履行社会责任，也是为了降低能耗、保障员工健康和提升工作效率。

（2）不同特征。

第一，市场成熟度与发展阶段。尽管中国的公司房地产市场规模庞大且发展迅速，但与发达国家相比，其市场成熟度仍略显不足。北美、欧洲等地区的公司房地产市场经过几十年的发展，已经形成了相对成熟的管理模式和金融工具，房地产市场的透明度、法律法规的完善程度都较高。相比之下，中国公司房地产市场虽然经历了快速增长，但仍处于一个逐步规范和完善的阶段。例如，虽然近年来中国的 REITs 发展迅速，但相较于美国成熟的 REITs 市场，规模和市场深度还有待提高。

第二，公司房地产持有的文化差异。在美国、英国等国家，企业更加倾向于灵活租赁房地产，而不是长期持有。特别是在金融和科技等快速变化的行业，企业更多依赖租赁以提升资产流动性。相比之下，中国的企业传统上更倾向于拥有不动产，尤其是国有企业。公司房地产持有不仅被视为企业实力的象征，还被认为是一种应对市场不确定性的稳定手段。根据 2019 年的数据，中国企业中，自持房地产的比例仍然较高，尤其是在国有企业中，长期持有不动产被视为资产保值的手段。

第三，房地产投资的国际化程度。美国、欧洲等地区的公司房地产市场已经具备高度国际化的特点，许多跨国公司在全球范围内进行房地产投资和管理。而中国企业的公司房地产投资虽然在国内市场规模庞大，但其国际化程度相对较低。近年来，随着“一带一路”倡议的推进，越来越多的中国企业开始在东南亚、欧洲等地区进行跨境房地产投资，然而与发达国家跨国企业相比，仍然处于较初级的阶段。中国企业在国际房地产市场上的操作经验有待加强，专业知识水平仍需提升。

第四，政策与政府监管。与欧美国家不同，中国的公司房地产市场受到更强的政策调控影响。中国政府通过宏观调控措施，如土地政策、房产税政策以及信贷政策等，直接影响公司房地产市场的供需关系。例如，在 2010 年后，政府为遏制房地产市场过热而出台了一系列政策，限制企业在房地产领域的过度投资，这与美国等市场化程度更高的国家形成对比。欧美国家更多依赖市场自发调节，公司房地产市场的波动性更大，而中国市场则受到更强的政策影响。

第五，融资渠道的差异。在发达国家，企业通过资本市场进行公司房地产融资的渠道相对成熟，尤其是在美国，REITs 已经成为企业重要的融资手段。而中国的 REITs 市场虽然近年来有所发展，但尚未达到欧美的成熟水平，规模和透明度也有待提高。中国的企业更多依赖银行贷款和自有资金进行房地产投资，这与欧美市场的金融多样性和融资灵活性存在一定差距。

1.4 本书的研究意义与价值

公司房地产不仅在企业资产中占据重要地位，也是企业支出的重要组成部分。Veale（1989）指出，公司房地产的成本占企业总支出的 10%~20%，占净利润的 41%~50%，而相关的费用则占净利润的 5%~8%。同时，由于公司房地产本身具有异质性、流动性差等特征，其风险和收益结构不同于其他企业资产（Han and Liang，1995），它会从多个方面对企业的生产经营和业绩产生影响。一方面，公司房地产会从内部影响企业的资本结构、资产结构、融资能力、资本成本、生产效率等（Miles et al.，1989；Liow，1999；Manning and Roulac，2001；Brounen and Eichholtz，2005）；另一方面，它还会影响企业在资本市场上的表现，如企业的股票表现（Liow，1995，2001；Deng and Gyourko，2000），甚至企业被收购的可能性（Brounen et al.，2008）。鉴于公司房地产在企业资产结构和成本结构中的重要地位，以及其对企业各项财务指标和资本市场表现的可能影响，加强公司房地产管理对企业具有重要意义。由于我国房地产市场发展和企业发展均晚于西方国家，公司房地产管理实践和学术研究都处于起步阶段。据文献综述可知，目前极少有其他学者对中国企业的公司房地产管理与企业业绩的关系进行研究。因此，对此问题进行探讨有助于丰富我国的公司房地产管理研究文献，同时，在实践层面具有以下意义：

第一，提升企业资源利用效率和财务绩效。通过研究公司房地产管理行为，企业可以优化其房地产资源配置，减少闲置或低效资产的占用，提高资产利用效率，从而提高整体运营效率，提升企业的资产负债表质量，降低财务风险。同时，有效的房地产管理可以降低运营成本，增加租金收入、促进资本增值，从而增强企业的盈利能力和财务稳定性。

第二，支持企业战略决策，提升市场价值和品牌形象。房地产资产管理是企业战略决策的重要组成部分。通过深入研究公司房地产管理行为，管理层可以做出更明智的投资决策，如选择租赁或购买、扩展或缩减房地产资产等。这些决策直接影响到企业的长期竞争力和市场定位。同时，通过合理规划和管理企业的房地产资产，企业可以提升其在市场中的形象和声誉，增加股东价值，吸引更多的投资者和客户。

第三，应对市场和环境变化。研究公司房地产管理行为可以帮助企业更好地应对市场和环境的变化，如房地产市场波动、政策变化等。通过灵活的管理策略，企业可以减小市场波动对其财务和运营的负面影响，保持稳定的业绩表现。

1.5　本书的研究内容及结构

公司房地产管理对企业业绩的影响，既包括管理活动本身的影响，也包括管理活动结果的影响。管理活动的结果包括公司房地产决策、持有量及其特征（如结构、区位和安装特征），这类研究需要对公司房地产管理实践进行深入调查，获取详细的房地产信息，但数据获取成本高、难度大，因此样本量通常较小。综上，本书以中国非房地产企业为对象，从资本市场的角度研究公司房地产管理活动的结果对企业业绩的影响，主要包括公司房地产重组决策和公司房地产持有率对企业业绩的影响，以及公司房地产持有率的影响因素。本书的研究内容及结构如下：

第 1 章为导论。本章首先明确了公司房地产的概念，梳理了公司房地产管理的研究背景及其重要性，阐述了公司房地产持有动机的发展与变化，介绍了公司房地产的发展现状及趋势，最后介绍了本书的研究意义与价值、研究内容及结构、创新点。

第 2 章为公司房地产管理文献综述。本章系统回顾了公司房地产管理的相关研究文献，探讨了公司房地产管理的理论发展、影响因素及其对企业业绩的影响。文献综述中明确指出了现有研究的局限性，并为后续章节的实证分析奠定了理论基础。

第 3 章为中国企业的公司房地产持有现状及交易行为。本章通过对中国A股上市企业2007—2022年的数据分析，研究了中国企业的公司房地产持有情况与交易行为，揭示了不同行业和公司类型在房地产管理上的差异性特征，并探讨了经济周期与房地产市场波动对企业交易行为的影响。

第4章为公司房地产持有率的影响因素研究。本章对企业内部和外部因素对公司房地产持有率的影响进行了详细分析，并构建了实证模型，对不同类型房地产持有率的决定因素进行了实证检验。结果显示，公司特征、财务状况以及房地产市场环境对公司房地产持有决策具有重要影响。

第5章为公司房地产购置的财富效应研究。本章探讨了公司房地产购置行为的短期与长期财富效应，采用事件研究法分析了市场对购置事件的反应，并构建了理论框架，深入挖掘了影响财富效应的企业特征、交易特征和市场环境等因素。

第6章为公司房地产剥离的财富效应研究。本章重点分析了自愿剥离和非自愿剥离两类事件的市场反应，比较了两种剥离模式下的财富效应差异，并进一步分析了影响剥离行为财富效应的因素，揭示了公司治理、财务健康以及外部环境的调节作用。

第7章为公司房地产持有率对企业业绩的非线性影响研究。通过实证分析，验证了公司房地产持有率与企业业绩之间的倒“U”形关系，揭示了适度的公司房地产持有率对企业业绩的促进作用，并通过稳健性检验和异质性分析进一步支持了研究结论。本章还探讨了融资约束、公司治理和市场竞争对这一关系的调节作用。

第8章为结论及展望。本章总结了全书的主要发现，对企业的房地产管理进行了管理检验，并指出了本书的研究局限性。

1.6 本书的创新点

第一，研究对象的创新。本书以中国A股上市企业为研究对象，聚焦于中国企业在公司房地产管理方面的行为特征和发展趋势。相较于已有研究大多以欧美发达市场为背景，本书分析了中国企业在不同经济周期中的公司房地产持有行为及其对企业业绩的影响，揭示了中国市场的独特性。特别是，本书还对中国企业的公司房地产购置与剥离行为进行了详细的实证分析，为理解新兴市场中的企业房地产管理提供了新的实证支持，丰富了全球公司房地产管理领域的文献。

第二，研究方法的创新。本书在研究公司房地产对企业业绩的影响过程中采用了多种实证分析方法，特别是引入了机器学习方法。在研究公司房地产购置和剥离的财富效应时，使用随机森林算法筛选出关键影响因素，并进一步利用部分依赖图分析了这些因素的影响路径。这种方法不仅能够更精确地捕捉影响市场反应的复杂变量，还能突破传统线性回归模型的局限性，揭示更加复杂的非线性关系。此外，本书还采用了事件研究法、固定效应模型、分位数回归等多种方法对结果的稳健性和异质性进行验证，保证了研究结论的可靠性。

第三，研究视角的创新。本书从非线性关系的视角出发，重点探讨了公司房地产持有率与企业业绩之间的倒“U”形关系。这一非线性视角突破了传统研究中线性假设的局限，明确了在不同公司房地产持有率水平下，企业业绩表现的边际效应差异。通过分析公司房地产持有率的一次项和二次项，本书实证验证了最优持有比例的存在。此外，本书还引入了公司治理、融资约束和市场竞争等调节机制，为后续相关研究提供了全新的视角和理论框架。

第 2 章

公司房地产管理文献综述

随着公司房地产在企业中的角色转换，公司房地产管理的内容也发生了巨大改变，引起了学术界的广泛关注。学术界对公司房地产的研究开始于20世纪80年代，起源于美国，并且迅速扩展至欧洲、亚洲各国。随着公司房地产管理在企业中的发展和变化，在不同时期，研究重点也有所不同。但如何进行公司房地产管理，公司房地产管理能否增加企业价值，始终是其关注的重点。

2.1 公司房地产管理的发展

在过去的几十年中，公司房地产管理经历了显著的变化（Roulac，2001）。公司房地产作为企业资产的重要组成部分，与企业的发展密切相关。随着国内外经济环境变化、企业快速发展和国际化进程推进，企业的组织结构和发展战略发生了巨大变化，进而推动了公司房地产管理的演变。为了适应不断变化的环境和企业需求，公司房地产管理的职责不断拓宽，也变得更加复杂（Raney，1990；Bell，1991；Apgar，1995；Lambert et al.，1995；Manning et al.，1999；Schaefers，1999）。

Krumm等（1999）和Krumm（2000）以荷兰的服务业与制造业为例，分析了在跨国企业的发展过程中，企业结构和企业战略的变化对公司房地产管理产生的影响。从20世纪初开始，企业的组织结构经历了从“泰勒式”的职能型结构向基于地区和产品线的跨国结构的演变，在此过程中，公司房地产管理也发生了相应的变化。总的来说，可以分为三个阶段。

第一阶段：1900—1939年。在这一时期，企业的规模较小，大多受限于单一的产品或市场。企业的组织结构是扁平的、集权化的，其基本战略是扩大组织规模，企业的所有决策基本由企业所有者独立完成。随着企业规模的扩大、空间需求的不断增加，企业开始设立相应的房地产管理部门，负责房屋建筑物和土地的购置以及建设，以支撑企业的所有业务活动。当时，房地产管理部门大多被定位为一个支撑部门，而不是一个营利部门。

第二阶段：1940—1979 年。第二次世界大战后，国际直接投资迅速发展，企业发展日趋国际化。企业的地区分散程度越来越高，产品线不断增加，其组织结构逐渐由职能型转变为地区型或产品线型。经营活动的职权被下放到各地区的组织机构，但房地产管理部门依然设在公司总部，负责相关的长期战略。在这一时期，房地产在企业中的定位逐渐由“成本中心”向“利润中心”转变。随着国际房地产市场的不断发展，企业可以从房地产投资中获得租金收入和资本增值。

第三阶段：1980 年至今。企业地域上的扩张产生了不断分散的房地产投资组合，对集中的公司房地产管理提出了新的要求。公司房地产决策的相关权力也被下放到各地区的组织机构。在这一时期，由于权力的下放和利润负责制的实施，各地区的组织机构都要为本地区的利润负责。这一转变使得企业专注于资源整合以实现目标，公司房地产管理活动也发生了巨大变化：房地产管理部门的规模和管理权限不断缩小，公司房地产重组活动大量发生。

一是 1991 年，日本房地产市场的泡沫破灭，房价大幅下跌，对国际房地产市场产生重大影响，导致大量的房屋供给过剩。例如，美国的办公用房在 1986—1993 年贬值了 50% 左右（Louarand and Lambert，1996）。在经济衰退的大环境下，大多数企业采取了收缩战略，由于房地产在企业总资产和总支出中均占有极大的比例，剥离房地产成为许多企业获取资金、缩减成本的首要选择。

二是随着国际化的深入推进，企业需要面对许多未知的新市场。为了收集相关信息，企业经常依赖当地的外部服务提供商，将其非核心业务外包。同时，企业面临越来越大的盈利压力以及来自股东和金融市场的压力，促使其开始缩减成本，房地产外包成为释放房地产资金的主要方式，而不断发展的房地产市场也为企业寻求房地产业务外包提供了基础。在这种情况下，许多企业的房地产管理部门被撤销或规模大幅缩小，其职责也转变为协调企业内部需求和提供外部服务。

在这一时期，许多企业选择“从资产负债表上去公司房地产”，进行了一系列房地产重组活动，如出售、分立、售后回租和外包等。其中，房地产外包是企业国际化发展的重要趋势。Krumm（2000）指出，将所有房地产业务外包虽然可以缩减成本、回归主营业务，但企业同时放弃了从房地产中获取增长机会的可能性。他认为，更有效的做法是建立高效的公司房地产管理部门，通过协调相关活动，使其与企业其他资产发挥最大的协同效应。

综上所述，在过去百余年间，公司房地产管理发生了巨大变化，主要体现在以下几个方面：公司房地产在企业中的地位由“成本中心”向“利润中心”转变；公司房地产管理组织结构由集中化向分散化转变；公司房地产管理模式不断丰富和创新；公司房地产战略多次调整；等等。

2.2　公司房地产管理的影响因素

公司房地产在企业资产中占据了重要位置，那么决定企业是否持有、租赁或出售房地产的关键因素是什么呢？在定性分析方面，Machlica 和 Borunch（1989）、Scarrett（1991）分析了企业持有房地产的原因，认为：企业持有房地产是反映企业增长的重要指标；企业持有房地产是实现企业经营任务的必备条件；公司房地产是经济不景气时企业获取现金的资源；企业持有房地产可实现资本增值、获得投资收益以及处置和发展收益；企业持有房地产可优化企业市场表现；等等。

在定量分析方面，Liow（1995）以 1982—1991 年 68 个英国零售企业为样本，实证研究了影响企业增持和减持房地产的因素。他根据企业的房地产购置和剥离行为，将其分为“净房地产购买者”（房地产购置率大于剥离率）和“净房地产剥离者”（房地产剥离率大于购置率）两类。他运用逻辑回归技术构建了公司行为模型，检验导致企业成为“净房地产购买者”和“净房地产剥离者”的影响因素，包括公司财务因素和房地产相关因素。研究发现，较差的资本收益、市场对房地产价值的低估、较高的负债率以及较高的房地产历史成本都会导致企业进行房地产剥离。同时，房地产剥离还会受到房地产相对投资规模、企业流动性和企业规模的影响，这在一定程度上支持了早期的观点：房地产剥离可能起源于大企业，由于大企业可能拥有更多的“剩余”房地产，同时它们面临更大的资金压力，因此会通过房地产剥离来获取现金流。逻辑回归分析表明，持有大量房地产的大型企业更容易成为“净房地产剥离者”。Du 等（2007）研究了公司治理情况对房地产持有率的影响，发现公司治理较弱以及财务限制程度较低的企业会持有更多的房地产。

此外，Seger 等（2019）使用德国企业的数据，分析了房地产专用性对企业房地产持有策略的影响，并检验了经济环境的动态变化对持有策略的影响。结果表明，房地产专用性与企业的房地产持有策略之间存在显著的正相关关系，高专用性的房地产资产倾向于被企业持有。Seger 和 Pfnuer（2020）认为，企业在主要业务之外参与的其他业务活动会对其房地产持有策略产生影响。随着业务活动的多样化，企业需要在不同业务领域中采用不同的房地产持有策略，以适应多样化的需求，其影响路径包括不同业务领域的空间需求差异、资产配置的复杂性、市场和地理的多样性、财务和运用风险、管理和决策效率等多个方面。Seger（2021）研究发现，动态商业环境会影响企业的房地产策略。在动态商业环境中，企业需要灵活调整其房地产持有策略，以适应不断变化的市场需求和经济形势。

国内部分文献对影响企业投资行为的因素进行了研究，但并未特别针对企业的房地产投资行为。冯巍（1999）以我国沪深交易所上市的 135 家制造业企业 1995—1997 年的数据为样本，研究了企业内部现金流对其投资行为的影响。他按照样本公司每年的现金股利派发预案情况，将企业分为存在融资约束和不存在融资约束两类，发现企业的内部融资能力对其投资行为有显著的制约作用。梅丹（2005）以沪深两市 568 家企业 1999—2003 年的数据为样本，实证检验了影响我国上市企业投资规模的因素，包括企业的投资机会、融资因素和财务杠杆三个方面。研究发现，上市企业投资规模主要取决于面临的投资机会、内部现金流和负债程度，而不同行业、不同规模企业的投资水平存在差异。童盼和陆正飞（2005）回顾了负债融资对企业投资行为的影响，指出负债融资一方面会增加股东与债权人之间的代理成本、引起股东/经理人的资产替代与投资不足行为，另一方面又可以减少股东与经理人之间的代理成本，降低过度投资的可能性。

2.3　公司房地产管理对企业业绩的影响

关于公司房地产管理对企业业绩的影响，已有研究主要集中在三个方面：影响机制、影响的评估原则及评估方法、影响的实证分析。下文将分别回顾这三个方面的相关研究。

2.3.1　公司房地产管理对企业业绩的影响机制

公司房地产管理对企业业绩的影响，可以分为直接影响和间接影响。直接影响是指公司房地产管理直接作用于企业的利润，如降低成本等；间接影响是指公司房地产管理通过优化其他要素的表现，如提高员工和机器设备的生产效率、提高顾客的购物满意程度等，进而增加企业的价值（Rostron and Moores，1997；Leaman and Bordass，1999；Seppanen and Fisk，2004）。其中，间接影响是公司房地产管理影响企业业绩的主要途径，也是最难确认和衡量的。

已有研究大多从战略的角度分析了公司房地产管理如何增加企业价值。例如，Nourse 和 Roulac（1993）提出了 8 种影响企业价值的公司房地产战略，包括促进持有成本最小化、保持灵活性、促进人力资源目标的实现、增强市场营销效果、提高销售额和优化销售流程、保障生产运营与服务供给、在区位选择和安排上为顾客提供便利、优化管理流程。de Jonge（1996）描述了 7 种公司房地产的附加价值，包括提高生产率、降低成本、风险控制、增加价值、增加灵活性、推动文化转型以及支持人力资源和市场营销协同发展。他重新描述了公司房地产在提高生产率、增加企业价值中的战略地位，强调通过引入工作环境创新来推动文化转型，并将一系列房地产决策归纳到风险控制主题下。Lindholm 和 Leväinen（2006）基于平衡计分法的原理，通过对 26 位房地产经理人进行调研，提出了公司房地产增加企业价值的 7 种途径，包括增加资产价值、促进营销协同、营造创新环境、提升员工满意度、提高生产能力、增加灵活性和降低成本。上述研究均强调，降低成本是公司房地产管理增加企业价值的主要途径。正如 Wilson（1996）的研究所示，当企业的净销售额不变时，成本每下降 2% 会使利润率提高 10 个百分点，而在成本不变的情况下，利润率想提高相同的百分点，需要增加更多的销售额。

上述研究大多是战略性和概括性的，Feijts 和 Rianne（2007）指出，公司房地产管理需要更详细的关于公司房地产管理影响组织绩效的信息。他们通过对相关文献的分析，确定了公司房地产影响企业绩效的 51 个方面，包括结构性因素、安装因素和区位因素三大类。其中，安装因素和区位因素大多可以量化，文中重点运用空间网络分析法对结构性因素进行量化，为企业的房地产经理人提供参考。

此外，Krumm 等（1998）分析了公司房地产管理部门如何为企业创造效益。Hill（2001）也定性分析了持有、租赁以及售后回租情形下，公司房地产对企业股东财富的影响。Booth（1999）用经济增加值（Economic Value Added，EVA）来定义股东财富，分析了公司房地产成本对 EVA 三个组成部分（企业收益、资本投入、资本成本）的影响。他指出，公司房地产成本会直接影响企业的净利润，同时会通过影响资本结构、融资成本和风险等方式影响企业的股东财富。Trundle（2004）用未来现金流折现之和来衡量企业价值，分析了公司房地产如何通过影响总成本、现金流、资本成本来影响企业的价值。他还将公司房地产决策分为投资决策和融资决策两类，提出用净现值法来衡量两类房地产决策对企业价值的影响。

2.3.2 公司房地产管理对企业业绩影响的评估原则及评估方法

在评估公司房地产管理对企业业绩的影响时，首先要确定评估原则。Brown（1996）、Sink（1985）、Thor（1998）、Vokurka 和 Fledner（1995）、Krumm 和 de Vries（2003）指出，绩效评估指标体系应包含尽可能少的互斥指标，以平衡财务和非财务指标，并关注与相关者利益有关的指标。单个评价指标应该是有效的（评价了企业想评价的内容）、可靠的（能够提供一致的有效结论）、可操作的（节约的、方便的以及可说明的）以及相关的（有价值的和有用的）（Emory，1985；Sink，1985；Hannula，1999）。Liow 和 Ingrid（2008）认为可从商业、财务和资本市场三个角度建立绩效指标来综合评估。

关于公司房地产管理对企业业绩影响的评估方法，已有研究主要提出了两种方法：标杆管理法和平衡计分法。标杆管理法是一系列绩效指标和比率的比较过程，比较对象包括企业内部、同行业企业以及不同行业但具有相似性质的企业，目的是量化公司房地产管理的各个方面。用于衡量公司房地产绩效的指标体系包括定量指标和定性指标。Kenley（2000）和 Timm（2001）首先对定量指标集进行了总结，Wills（2008）对其进行了扩展。主要指标包括每平方米成本、每人每平方米的成本、租赁成本与总成本之比、租赁收入与总成本之比、资本支出与总资产之比、资本支出与总成本之比、空置成本、总成本与总收益之比、总成本与总支出之比、人均占有面积、空置面积与总面积之比、转租面积与总面积之比、空间的使用时间、人均资产价值及资产增值等。

平衡计分法是由 Kaplan 和 Norton（1992）提出的，并由 Kaplan 和 Norton（1996，2000，2004）进行了完善。这种方法采用了一个多元的绩效衡量指标体系，包括财务、顾客、内部业务流程、组织学习与创新四个方面。他们认为，企业价值的增加主要来源于两个方面：一是收益的增加，包括开拓新的市场、新的产品、新客户以及促使老客户产生新需求；二是生产率的提高，主要来自成本的降低和对资产使用效率的提高。Burns（2002）使用平衡计分法衡量了公司房地产管理如何通过促进增长和提高盈利能力来增加企业价值。

由于不同结构和不同主营业务的企业对房地产的需求不同，房地产在企业中的作用和角色也有所不同，因此很难用统一的指标来衡量所有企业的公司房地产表现。企业应基于与其目标相符的有效和可靠指标，建立适合自身的公司房地产管理绩效评估体系。

2.3.3　公司房地产管理对企业业绩影响的实证研究

2.3.3.1　公司房地产决策对企业业绩的影响

公司房地产决策包括购置、剥离、租赁、售后回租、互换、成立房地产管理部门等一系列活动。按照性质，可以将这些决策分为重组类决策和非重组类决策。重组类决策包括公司房地产购置、剥离、售后回租和互换等，非重组类决策包括租赁和成立房地产管理部门等。

公司房地产购置是指企业为了实现其战略目标而实施的房地产扩张行为。根据购置的规模和数量，Ting（2007）将其分为四类：企业并购，即在整个企业的并购活动中，房地产也被并购；并购房地产管理部门或房地产子公司（Elayan and Young，1993）；购置房地产组合，即在一笔交易中，向一个出售方购置多个房地产或房地产组合（Campbell et al.，2003）；购置单个房地产。

公司房地产剥离包括出售和分拆两种形式。出售是指企业将房地产资产的所有权和控制权转让给购置企业；分拆是指当前的企业将房地产转移至其成立的子公司，而子公司的股票被配置给当前企业的股东。Ting（2006）指出，公司房地产剥离包括单个房地产的剥离、房地产业务部门的剥离，以及拥有房地产的分公司和子公司的剥离等。企业可能出于以下原因进行公司房地产剥离：市场退出战略调整、经营整合需求、增加流动性（Giroux，1987）及应对剧烈的市场和经营环境变化。公司房地产剥离所得资金的用途主要包括投资于其他业务、偿还债务、股票回购或者发放股利等。

公司房地产售后回租是指企业将其拥有的房地产所有权和控制权转移给购置企业，同时通过租赁的方式取得其使用权。售后回租起源于20世纪80年代，最初的目的是释放企业被投入房地产市场的大量资金。当企业需要投资于主营业务时，特别是在市场借贷利率较高的情况下，售后回租成为一种成本较低的融资方式。通过售后回租，企业持有的仍然是原先的房地产，不同的是可以立即获得一大笔现金，同时每年需要支付一笔租金。从短期来看，售后回租可以为企业筹集到大量的资金，但从长期来看，企业可能因继续租赁不符合企业经营需要的房地产而受到制约。因此，许多企业开始选择房地产外包来满足其需求。尽管如此，1980—2000年，在欧美市场上，售后回租仍然是许多企业的重要选择。Bryan（2003）报告称美国售后回租市场的年交易量在100亿~150亿美元。

公司房地产互换是指两个企业将价值相当的两处房地产进行交换，并用现金补足差价。这类交易一般是为了巩固企业的房地产所有权，以及为长期发展提供机会，将一系列相邻的房地产进行合理化配置。房地产互换被认为是一种低风险、低成本的房地产购置方式（Liow，1997）。

企业可以通过在现有单位内重新构建或在企业外部重新建立等方式成立独立的房地产管理部门，主要出于以下考虑：控制成本、增加收入、怀疑房地产资产被低估而导致股票被错误定价、提高房地产资产管理的有效性和降低风险等（Rutherford and Nourse，1988）。

已有文献对公司房地产决策与企业绩效关系的研究主要集中在企业宣告相关决策时资本市场的反应，即各类公司房地产决策的财富效应（宣告效应）。Rodriguez 和 Sirmans（1996）总结了公司房地产决策对资本市场影响的实证文献，这些决策包括租赁、购置、合并、联合投资、剥离、出售、售后租回、清算、分拆以及公司房地产管理部门成立等。实证研究表明，公司房地产决策对企业价值具有显著影响。

在各类公司房地产决策中，购置、剥离和售后回租是学者们研究的主要对象。下文将主要总结公司房地产购置、剥离和售后回租的财富效应相关文献，并将其他类型公司房地产决策的财富效应归为一类进行总结。

（1）公司房地产购置对企业业绩的影响。

对于公司房地产购置的财富效应，多位学者进行了研究，大部分研究发现公司房地产购置能够增加企业的股东财富。例如，Owers 和 Rogers（1986）检验了美国企业 1968—1981 年的 16 起公司房地产购置事件，发现购置企业在事件窗［-1，0］上会获得 1.2%的累计超额收益率（Cumulative Abnormal Return，CAR），并且显著异于 0，但在更长的事件窗上，其 CAR 虽然为正，但并不显著。Glascock 等（1989）对美国企业 1981—1986 年的 72 起房地产购置事件进行研究，发现购置企业在事件日的 CAR 为 0.04%，但并不显著，在更长的事件窗上，其股东财富也无显著变化。Glascock 等（1991）以美国企业 1971—1986 年的 24 起房地产购置事件为样本进行研究，发现购置企业在事件日的 CAR 为 0.96%，显著异于 0，但整个事件窗上的 CAR 并不显著。上述研究都采用了标准的事件研究法来研究公司房地产购置的财富效应。为了检验已有结论，Booth 等（1996）对传统事件研究法中的市场模型进行了修正，采用 GARCH 模型计算股票 CAR，仍然发现美国企业 1980—1989 年的公司房地产购置没有财富效应。除对美国的研究外，Liow（1997）对英国企业在 1982—1991 年的 87 起房地产购置事件进行研究，也得到了相似的结论。

与上述结论不同的是，Ooi 和 Sirmans（2004）以新加坡 1990—2002 年 39 个上市企业的 109 起土地交易数据为样本，运用事件研究法检验了土地购置的财富效应，发现当企业宣布土地购置成功时，会获得显著为正的 CAR。Ting（2008）系统地研究和解释了公司房地产购置增加股东财富的原因，他认为公司房地产购置的价值来源主要包括三个方面：一是单个房地产的价值，即房地产市场上存在不对称估价给企业带来的收益。由于购置企业的风险偏好、折现率、边际税率以及生产能力均有不同，同时由于不同企业的文化、观点、投资目标和策略、财务和税收状况以及要求的回报率等存在差异，其对同一房地产的估价也会不同。二是房地产合并的价值，包括法律上的合并和物理上的合并两种形式。法律上的合并是指企业对其所拥有的房地产实现权证统一，如购置此前租赁的房地产，确保使用权、控制权和所有权相统一，为企业的生产经营带来更大的灵活性；物理上的合并是指企业购置与现有项目相邻的房地产，因为单个房地产的开发潜能可能会受其规模、物理特征等因素的影响，将其与相邻的房地产合并可以提升项目的开发潜力。三是企业的房地产购置符合其总体战略，主要是指企业通过购置房地产能够立即进入更多的市场、有更多的市场应用、有更好的战略协调性、有更广的销售渠道或者有更好的成本结构。

上述研究主要针对公司房地产购置的财富效应是否存在及其来源，此外，也有部分文献对影响财富效应的因素进行了研究。Glascock 等（1991）检验了购置频率和标的类型对购置企业 CAR 的影响，发现样本区间上只有一次购买行为的企业获得了显著为正的 CAR，而有多次购买行为的企业，其股东财富无显著变化。并且，若企业的购置标的是单个房地产或房地产组合，其 CAR 显著为正；若购置标的是房地产管理部门或子公司，其 CAR 与 0 无显著差异。Liow（1997）将标的分为房地产和房地产管理部门两类，发现企业购置不同标的的房地产获得的CAR无显著差异。Ooi和Sirmans（2004）检验了影响土地购置企业CAR的因素，发现CAR与购买方在土地开发过程中创造价值的能力、土地开发中的不确定性水平正相关，而与其从事不利于股东财富最大化的活动的倾向负相关。Ting（2006）以马来西亚的非房地产企业为对象，研究了1997年亚洲金融危机对公司房地产购置财富效应的影响，发现购置企业的CAR在金融危机前显著为正，在金融危机后则显著为负。

与本书的公司房地产定义不同，Rodriguez和Sirmans（1996）将REITs纳入公司房地产的定义范围。部分学者对REITs并购的财富效应进行了研究，如Allen和Sirmans（1987）对1977—1983年的38起REITs合并事件进行研究，发现在事件窗［-1，0］上，购置企业的CAR为5.78%，显著为正。McIntosh等（1989）、Elayan和Young（1993）、Campbell等（2001）、Campbell等（2003）研究发现并购企业的股东财富会增加。McIntosh等（1989）认为，REITs并购的财富效应可能来源于企业剥离了完全折旧的房地产，并购入新的等值房地产，为企业带来税收上的收益。Elayan和Young（1993）认为，这是由于REITs控制权转移带来的资产管理效率的提高。他们从协同效应的角度进行了解释，特别是经营上的协同效应对股东财富的影响，此类协同效应的影响因素包括规模经济收益、竞争地位的提高、市场竞争力的增强等。同时，财务上的协同效应，如借贷能力的增强和多元化发展的潜力也是股东财富增加的动力。Campbell等（2001）认为，这是因为企业向股票市场传递了其使用股权融资来进行交易的信号。Campbell等（2003）则认为，这反映企业采取了一种地域集中的房地产投资策略。

现有文献集中于研究公司房地产购置是否存在财富效应，对财富效应的影响因素研究较少，分析也不全面。学者只检验了购置频率、标的类型和市场景气状况等因素对购置企业CAR的影响，而公司规模、自由现金流、治理情况、交易规模、交易目的等因素对CAR的影响尚未被检验。同时，现有文献主要以发达国家为背景进行研究，例如美国和英国，对新兴市场的公司房地产购置事件研究较少，只有Ting（2006）以马来西亚为背景进行了研究。对美国和英国的公司房地产购置事件的研究表明，只有符合一定条件的公司房地产购置才会有显著为正的财富效应，大多数情况下财富效应并不存在。对马来西亚的公司房地产购置事件的研究表明，亚洲金融危机前后的公司房地产购置对企业的股东财富均有显著影响，差别只体现在影响的正负上，这与美国和英国有较大区别，可能是因为发达国家和新兴市场的经济环境有较大差异。

（2）公司房地产剥离对企业业绩的影响。

关于公司房地产剥离的财富效应，已有研究大多发现目标企业会获得显著的股东财富增加。例如，Owers 和 Roger（1986）利用标准的事件研究法，对美国 1968—1981 年的 55 起房地产出售事件进行研究，发现房地产出售会为目标企业带来显著为正的超额收益。他们认为房地产的唯一性会同时为买卖双方带来获取超额收益的机会。Myer 等（1992）的研究也得到了相同的结论，他们还发现买方企业是否为本土企业不影响目标企业的股东财富增加。Booth 等（1996）对已有的事件研究法进行修正，以美国 1980—1989 年的 37 起房地产出售事件为样本进行研究，发现公司房地产出售会为目标企业带来股东财富增加，而购买方却不会获得超额收益。他们认为这是因为买卖双方从房地产交易中获得的税收收益不一样，以及市场上卖方和买方的数量差异。买卖双方的结构性差异得到了许多公司房地产控制文献的支持，如 Bradley 等（1988）和 Jarrell 等（1988）。

以上文献均针对美国市场，Liow（1997）、Lee 和 Lee（2007）对英国与中国台湾企业的公司房地产出售事件进行研究，也得到了相似的结论。Liow（1997）以英国零售企业 1982—1991 年的 67 起房地产出售事件为样本，发现在事件日，目标企业的 CAR 为 0.98%，并在 10% 的水平下显著。他将标的分为房地产和房地产管理部门两类，发现当企业出售的是房地产而不是房地产管理部门时，会获得显著较高的 CAR。Lee 和 Lee（2007）以中国台湾企业 1994—2003 年的 81 起房地产出售事件为样本，发现目标企业在事件窗［-4，2］上的 CAR 为 2.368%，且在 10% 的水平下显著。他们还根据机构投资者所有权和负债率的高低将样本分为高代理成本和低代理成本两类，并检验了 CAR 与代理成本之间的关系。结果发现，高代理成本企业的 CAR 并不显著，而低代理成本企业的 CAR 在 5% 的水平下显著为正，低代理成本组合的 CAR 显著高于高代理成本组合。

也有研究得出不同的结论，如 Glascock 等（1989）发现目标企业只获得非常弱的超额收益，他们认为房地产资产不会为企业带来获取超额收益的独特机会。Ting（2006）研究发现，在不同的市场环境下，公司房地产剥离的财富效应会有极大的差异。其对 1992—2001 年马来西亚企业的 128 起剥离事件进行研究，将样本以 1997 年爆发的亚洲金融危机为界限分为两组，检验金融危机前后公司房地产剥离的财富效应。结果发现，在金融危机爆发以前，企业会获得显著为正的 CAR，而金融危机爆发以后，企业剥离公司房地产获得的 CAR 显著为负。这可能是因为金融危机对经营环境和房地产市场发展产生了不利影响，而投资者对企业盈利的预期会受到不景气的经济环境、紧缩的财政和货币政策的影响。同时，萎缩的房地产市场也会对消费者和投资者的购买力与心理预期产生影响。在这种情况下，投资者将房地产剥离视为增加企业流动性、解决 NPV 为负问题的重要投资方式。因此，经济衰退期的房地产剥离对于市场来说是一个坏消息。

上述研究主要针对公司房地产出售事件，也有学者对公司房地产分拆的财富效应进行研究。例如，Hite 等（1984）以 20 起非房地产企业的房地产分拆事件以及 6 起房地产企业的分拆事件为样本，运用标准的事件研究法检验其财富效应。实证结果表明，当企业宣告房地产分拆时，股票市场会有积极的反应。Owers 和 Rogers（1986）比较了分拆和出售两种房地产剥离事件的财富效应，研究结果表明，房地产分拆企业在事件窗 [-1, 0] 上的 CAR 为 5.7%，而出售企业的 CAR 仅为 0.7%。这表明房地产分拆会披露更多的信息以及获得更高的税收收益，因此得到更多的股价修正。

现有文献对公司房地产出售和分拆两类剥离事件的财富效应进行了研究，研究结论大多支持目标企业会在资本市场上获得正的财富效应。相关研究还发现，标的类型、目标企业的代理成本、市场结构以及宏观经济环境都可能影响目标企业的 CAR。现有研究主要针对美国和欧洲企业的公司房地产剥离事件，对于亚洲地区，只有极少数文献以马来西亚和中国台湾为背景进行了相关研究。此外，已有文献主要以自愿的房地产剥离事件为研究对象，几乎没有文献对非自愿的公司房地产剥离事件进行研究，这可能是因为在欧美等地区，非自愿的公司房地产剥离事件较少。

（3）公司房地产售后回租对企业业绩的影响。

关于公司房地产售后回租的财富效应，现有文献大多以美国市场为研究对象，大多数研究支持售后回租能够增加企业股东财富的结论。例如，Slovin 等（1990）以美国 1975—1986 年 53 家企业的房地产和飞机售后回租事件为样本进行研究，发现目标企业在事件日和前一日平均获得 0.85% 的日超额收益率，在 5% 的水平下显著异于 0。这表明，售后回租公司房地产能够增加企业价值，这与大多数外部租赁事件的财富效应不同。Rutherford（1990，1992）以及 Ezzell 和 Vora（2001）的研究均支持此结论。Rutherford（1992）还比较了售后回租事件对股东财富和债权人财富的影响，发现股东财富和债权人财富之间没有显著的转移效应。

Alvayay 等（1995）的结论却略有不同。他们发现，在 1986 年美国《税制改革法案》出台以前，售后回租能为企业带来正的超额收益，但 1986 年《税制改革法案》颁布后，房地产售后回租事件对企业的超额收益没有显著影响。因此，他们认为 1986 年美国边际税率的改变对企业进行售后回租后的利润率有显著为负的影响。但是由于 1986 年后的样本只有 17 起事件，其结论需要更大的样本量进行检验。Fisher（2004）得出了与 Alvayay 等（1995）不同的结论。他对 1990 年后的 71 起售后回租事件进行研究，发现目标企业宣布短期回租房地产时，能获得 1.3% 的日平均超额收益率，说明 1986 年美国税制改革后，企业也能通过售后回租获得超额收益。上述结论表明，企业能使用售后回租策略来确保它们的房地产相关权益最大化。

除此之外，也有学者对其他国家和地区的数据进行了分析，如 Liow（1997）以英国零售企业 1982—1991 年的售后回租事件为样本进行研究，也发现了显著为正的财富效应，与对美国企业的研究结论一致。但 Adams 和 Clarke（1996）对英国市场进行研究发现，目标企业在宣告售后回租时，股价大幅下降。他们认为这可能是因为英国证券市场将售后回租视为企业净运营现金流短缺的信号。

Grönlund 等（2008）以全欧洲企业 1998—2004 年的房地产售后回租事件为研究对象，检验其财富效应，结果发现公司房地产售后回租事件对企业的价值有平均为正的影响。同时，他们发现规模较大的交易，即交易价值与企业市值之比较高的交易才会为企业带来正的超额收益，规模较小的交易并不会带来超额收益。作者的这一结论支持售后回租事件会揭露企业资产的隐藏价值。

现有文献对美国和欧洲等发达国家和地区企业的公司房地产售后回租事件进行研究，大多数研究支持目标企业会获得显著的股东财富增加，有极少数研究发现售后回租事件的财富效应在某些情况下为负。尚无文献对亚洲地区或者新兴市场的公司房地产售后回租事件进行研究。这可能与各地区的公司房地产管理所处阶段以及各地区的房地产市场发展水平有关。美国和欧洲企业的公司房地产管理实践起步较早，发展较快，在相对成熟的房地产市场中，产生的公司房地产决策与亚洲国家有较大差异。比如售后回租事件在欧美国家广泛存在，但在亚洲地区相对较少。

（4）其他公司房地产决策对企业业绩的影响。

其他公司房地产决策主要包括企业宣布成立公司房地产管理部门、公司房地产互换以及租赁等。

Rutherford 和 Nourse（1988）检验了当企业宣布成立公司房地产管理部门时，企业股价的变化情况。他们发现在事件窗 [-10，0] 上，企业的 CAR 为 2.41%，并在 5% 的水平下显著。同时，研究结果表明，当企业成立不同类型的房地产管理部门时，获得的财富效应会有所不同。当企业宣告成立上市房地产子公司时，会获得最多的股东财富增加，其次则是拥有业主有限合伙公司和全资子公司。

Liow（1997）对英国零售企业 1982—1991 年的 8 起房地产互换事件进行研究，发现在事件日，目标企业的 CAR 为 1.77%，并在 5% 的水平下显著。

Allen 等（1993）检验了美国 1979—1991 年来自 58 家企业的 67 起公司房地产租赁事件，发现在事件日当日，宣告企业的 CAR 为 85%，且在

5%的水平下显著，表明公司房地产租赁会增加企业的股东财富。他们认为这充分反映了经理人在做出公司房地产决策时，遵循了企业价值最大化的原则。然后，他们还以 1986 年《税制改革法案》颁布为临界点，分别检验了 1979—1986 年和 1987—1991 年的房地产租赁事件的财富效应，结果发现，《税制改革法案》颁布前的公司房地产租赁会获得更高的财富效应。而 Ezzell 和 Vora（2001）对美国 1984—1991 年的 42 起租赁事件进行分析，发现当企业宣告直接租赁房地产时，其股价无显著变化。

现有文献集中于研究公司房地产重组类决策的财富效应，主要包括公司房地产购置、剥离和售后回租三类事件，对其他决策如租赁、成立房地产管理部门、公司房地产互换的财富效应研究较少。研究公司房地产重组的财富效应包括三个方面的内容：公司房地产重组是否存在财富效应、财富效应的影响因素，以及财富效应在买卖双方之间的分配机制。已有文献大部分集中于对公司房地产重组是否存在财富效应进行研究，对财富效应的影响因素及其分配机制研究较少。此外，已有文献大多以美国市场为研究对象，其次以欧洲为主，对于亚洲地区，只有极少数文献对马来西亚和中国台湾的公司房地产重组事件进行了研究。

国内在相关领域的研究主要集中于资产重组等大类，或是将资产重组分为股权转让、兼并收购、资产剥离等几小类进行研究，并未单独对公司房地产交易进行分析。因此，目前尚无文献针对中国市场的公司房地产重组事件进行研究。而中国是不同于美国、英国和马来西亚的一个重要经济体，其经济和社会环境均有独特之处，中国企业也在公司治理结构等方面表现出与其他国家企业不同的特征。因此，中国企业的公司房地产重组财富效应与其他国家可能会有较大差异，对此进行研究具有重要的现实意义和理论价值。

2.3.3.2 公司房地产持有率对企业业绩的影响

由于公司房地产资产的收益和风险结构不同于其他企业资产，根据现代投资组合理论，持有公司房地产可能会为非房地产企业带来分散化投资收益。基于此，公司房地产持有率较高的企业会获得更高的风险调整收益。Linneman（1998）认为，非房地产企业投资于非主营业务会损害企业价值。而对于大部分非房地产企业来说，房地产业务不是其主营业务。因此，持有公司房地产越多，企业的价值会越低。Brounen 和 Eichholtz (2005)、Liow (1999)、Seiler 等 (2001) 等的统计研究表明，很多企业的房地产持有量逐年下降，租赁逐渐成为一种趋势，这可能是因为持有房地产会损害企业业绩。那么，非房地产企业是否应该持有房地产呢？

对于公司房地产所有权对企业业绩的影响，学者们利用不同国家的数据进行了研究，他们主要从资本市场的角度检验公司房地产持有率与股票表现的关系。已有研究的结论主要分为三种。

(1) 公司房地产持有率对股票表现无显著影响。

Cheong 和 Kim (1997) 利用韩国 1987—1991 年的年度截面数据，检验了公司房地产持有率与普通股票收益之间的关系，发现公司房地产持有率对股票的投资收益没有显著影响。Seiler 等 (2001) 以美国 4 个行业的 80 家企业 1985—1994 年的数据为样本进行研究，发现公司房地产持有率对股票超额收益和系统风险均无显著影响。他们将大样本按年度或行业分为子样本再检验此关系时发现：只有在食品行业，公司房地产会显著降低企业风险；也只有在 1989 年和 1990 年两年，公司房地产持有率的上升会增加企业的股票超额收益；在其他年度及行业，公司房地产均未给企业带来分散化投资收益。

(2) 公司房地产能显著优化企业的股票表现。

Liow (2001) 发现由于房地产能给企业带来增长机会，公司房地产持有率对股票收益的影响为正，但该影响是否显著尚不明确，依赖于其他与房地产相关的因素，如负债水平、企业规模对股票价格的影响等。Brounen 等 (2005) 以 3 个地区 6 种不同类型的 454 家零售企业为样本，研究了国际零售企业的公司房地产与股票表现之间的关系。结果发现，公司房地产持有率与企业负债率无显著关系，但与股票收益显著正相关，与企业系统风险显著负相关。他们认为，由于零售企业的销售额和利润在很大程度上依赖于其零售店的位置，因此房地产与零售企业的主营业务紧密相连，公司房地产持有率也与零售企业的股东财富高度相关。Yu 和 Liow (2009) 以来自 15 个国家 3 个地区 9 个零售行业的 556 家企业 2001—2006 年的数据为样本，估计并比较了企业在“包括房地产”和“不包括房地产”两种情形下的5个常用的股票市场绩效衡量指标，包括中位数收益、总风险、系统风险、Sharp指数和Jensen超额收益指数，并检验了公司房地产持有率与股票市场表现指标值变化的线性关系。研究表明，较高的公司房地产持有率会导致更好的股票市场表现，但是这些正的股票表现增加受限于规模收益递减。Tuzel（2010）研究表明，公司房地产持有率的上升会增加企业的股票超额收益，虽然这是以系统风险的增加为代价的。

（3）公司房地产会显著抑制企业的股票表现。

Deng和Gyourko（2000）利用美国1984—1993年718家企业的数据进行研究，发现公司房地产持有率与股票收益负相关。并且，权益风险越高的企业，这种关系越显著，对于低风险的企业并不显著。Du等（2007）分别以美国1998年549家企业和2002年350家企业的数据为样本进行研究，发现公司房地产持有率会显著降低股票超额收益，原因在于公司房地产是企业经理人掏空企业资源的一种重要方式，公司房地产持有率的上升一般伴随着公司治理情况变差。Liow（2004）以新加坡75家非房地产企业1997—2001年的数据为样本进行研究，发现公司房地产会给企业带来较高的总风险、系统风险，并降低股票总收益以及超额收益。这个结论对于不同行业的企业以及具有不同公司房地产持有率的企业均成立。公司房地产对股票表现的负向影响表明，非房地产企业持有较多的公司房地产并非为了追求股票市场的表现，而应该是出于其他目的。Brounen和Eichholtz（2005）基于来自18个行业9个国家的4636家企业的数据，研究了公司房地产持有率与股票表现之间的关系。他们对大样本的研究发现，公司房地产持有率与股票超额收益和系统风险均负相关，但并不显著。分行业进行研究发现，在出版、化学品和商业服务三个行业，公司房地产持有率与系统风险显著负相关；在通信和商业服务行业，公司房地产持有率与股票超额收益显著负相关；在其他行业，公司房地产持有率与二者均无显著关系。Dong等（2011）从过度投资的角度研究了中国企业的公司房地产持有率与股票超额收益之间的关系，也发现二者显著负相关，但他们用固定资产（fixed asset）代替了公司房地产。Seger和Pfnuer（2020）利用2000—2016年来自6个欧洲主要经济体的490家公司的数据，采用两阶段回归分析，发现企业房地产持有量与其股市表现呈负相关关系，即持有更多房地产的企业，其股市表现相对更差。

除了用超额收益和系统风险来衡量股票表现以外，Liow 和 Ooi（2004）用经济增加值（EVA）和市场增加值（Market Value Added，MVA）来衡量企业的市场价值，以 109 家公司房地产持有率高于 20% 的新加坡非房地产上市企业为研究对象，研究了公司房地产持有率对企业 EVA 和 MVA 的影响。实证结果表明，非房地产企业持有公司房地产会降低企业的 EVA 和 MVA，这个结论对于不同的行业均成立。

已有文献对公司房地产持有率的影响因素和公司房地产持有率对企业业绩的影响进行了研究。针对公司房地产持有率的影响因素，现有文献主要研究了企业内部变量，如规模、治理情况及财务指标等对公司房地产持有率的影响。国内学者的相关研究主要针对企业的整体投资水平，尚无文献对我国企业的公司房地产持有率的影响因素进行研究。同时，国内学者研究了企业内部因素，如内部融资约束、负债水平等变量对投资规模的影响。国内外相关研究均未关注外部市场因素，如房地产市场的价格水平对公司房地产持有率的影响。事实上，由于房地产具有消费和投资双重属性，并且具有资金占用量大的特点，企业持有房地产的成本和收益都与房地产市场的价格水平紧密相关。因此，房地产市场价格水平如房价、租金和地价一定会对公司房地产持有率产生影响。

关于公司房地产持有率对企业业绩的影响，已有文献进行了大量的研究，并得到了三种不同的结论。但大多数研究针对欧美等发达市场，对于新兴市场的研究较少，其中只有 Dong 等（2011）对中国市场进行了研究，并且用固定资产率代替了公司房地产持有率。而事实上，公司房地产虽然是固定资产的重要组成部分，但并不足以完全代替固定资产。而且，在我国，公司房地产中的土地使用权在无形资产类别中予以反映，并不包括在固定资产中。因此，以后的研究可以在数据的准确性上进行改进。

除探讨公司房地产对企业股票表现的影响外，Ivanov 和 Faulkner（2020）使用来自 Bloomberg 和 Compustat 的企业层面数据，通过单变量和多变量回归分析，研究了公司房地产持有对企业特征、现金持有政策和信用评级的影响。主要研究发现包括：持有公司房地产的企业在增长机会、研发支出、营运资本、资本支出、杠杆水平和现金流等方面显著不同于不持有公司房地产的企业；公司房地产持有量越大，企业持有的现金越多；持有公司房地产的企业具有更高的信用评级。

2.4 本章小结

本章系统回顾了公司房地产管理研究领域的丰富文献，涵盖了公司房地产管理的发展历程、公司房地产管理的影响因素，以及公司房地产管理对企业业绩的影响等重要议题。首先，回顾了公司房地产管理的发展历程，从“成本中心”到“利润中心”，从集中化管理到分散化管理，公司房地产管理的理念和模式随着时代变迁不断演变，体现出其与时俱进的特征。其次，梳理了影响公司房地产管理的诸多因素，包括公司财务状况、房地产市场环境、公司治理水平、房地产专用性、业务活动多样化和动态商业环境等，并分析了这些因素如何影响企业对房地产的持有、租赁或出售决策。最后，重点探讨了公司房地产管理对企业业绩的影响。一方面，分析了公司房地产管理如何通过降低成本、提升效率、促进销售、增强企业灵活性等直接或间接地影响企业绩效；另一方面，回顾了大量关于公司房地产决策（如购置、剥离、售后回租）的财富效应研究，以及公司房地产持有率对企业股票表现和市场价值的影响。

综上可知，第一，研究区域集中于发达国家。大部分研究以欧美市场为背景，对中国等新兴市场的公司房地产管理研究相对缺乏，难以体现新兴市场公司房地产管理的独特性。第二，研究视角偏重短期财务影响。现有研究多关注公司房地产决策的短期财务影响，对长期战略影响和非财务影响，如品牌价值、员工效率等方面的探讨较为有限。第三，缺乏跨学科的整合研究。公司房地产管理涉及财务、战略、运营、人力资源等多个学科领域，但目前缺乏跨学科的整合研究，难以全面揭示其复杂性和动态性。未来研究需要关注新兴市场公司房地产管理的独特性，深入探讨公司房地产管理的长期战略价值和非财务影响，并加强跨学科研究，以构建更加全面、系统、动态的公司房地产管理理论体系。

第3章

中国企业的公司房地产持有现状及交易行为

3.1 中国企业的公司房地产持有现状

本章从 CSMAR 数据库中提取了沪深两市上市企业 2007—2022 年的房地产信息。将研究时间限制在 2007—2022 年，主要基于以下两个方面的考虑：第一，在中国，房产和地产在资产负债表上具有不同的表现形式。由于中国的土地所有权归国家所有，企业和个人能够获得的只是土地使用权，因此，房产和地产在资产负债表上分属两个不同的类型：房屋建筑物等房产属于固定资产，而土地使用权属于无形资产。企业持有的房屋建筑物和土地使用权的详细信息都来自资产负债表的附注。2007 年以前，部分企业并未在其资产负债表附注中对所持有的土地使用权进行详细记录，因此，只能在数据库中查到样本企业 2006 年以后的土地使用权信息。第二，直到 2006 年《企业会计准则第 3 号——投资性房地产》才将投资性房地产进行单独界定并独立核算，因此，2007 年以后，企业才在其资产负债表中公布投资性房地产信息。自 2007 年开始，才能将企业持有的公司房地产按照持有目的和标的类型分为四类：生产经营性房屋建筑物、生产经营性土地使用权、投资性房屋建筑物和投资性土地使用权。

根据公司房地产的定义，本书将样本中从事房地产开发和经营的企业剔除。基于公司房地产的类型将大样本划分为四个子样本：生产经营性房屋建筑物样本、生产经营性土地使用权样本、投资性房屋建筑物样本和投资性土地使用权样本。这四个样本包含所有公布了相应公司房地产信息的沪深两市上市企业。由于每家企业对其房地产价值的评估周期、评估方法不一致，只有极少数企业在资产负债表中反映了其所持有的房地产的市场价值。同时，由于各企业所采用的房地产折旧的方法不同，采用成本减去折旧的方式来衡量房地产持有量可能会导致估计结果的偏差。并且，近10余年来中国的房价和地价在不断上涨，用净额衡量的房地产价值与其真实价值相去甚远。本书使用与Deng和Gyourko（2000）、Tuzel（2010）类似的方法，用房屋建筑物的成本来衡量企业的房地产价值。

3.1.1 样本的时间和行业分布

表3－1展示了四个子样本的时间分布情况。

表3－1 2007—2022年样本的分布情况

年份	生产经营性房屋建筑物		生产经营性土地使用权		投资性房屋建筑物		投资性土地使用权	
	企业数量/家	占比/%	企业数量/家	占比/%	企业数量/家	占比/%	企业数量/家	占比/%
2007	1385	98.4	845	60.1	441	31.3	151	10.7
2008	1464	98.7	1090	73.5	513	34.6	168	11.3
2009	1603	98.5	1406	86.4	618	38.0	197	12.1
2010	1942	98.7	1755	89.2	705	35.8	220	11.2
2011	2172	98.7	2005	91.1	763	34.7	251	11.4
2012	2300	98.8	2122	91.1	843	36.2	280	12.0
2013	2342	98.7	2189	92.3	918	38.7	311	13.1
2014	2463	99.0	2316	93.1	991	39.8	356	14.3
2015	2646	99.1	2489	93.3	1090	40.8	394	14.8
2016	2924	98.9	2770	93.6	1247	42.2	447	15.1
2017	3276	98.8	3091	93.2	1449	43.7	517	15.6
2018	3381	98.9	3164	92.6	1574	46.1	573	16.8
2019	3555	98.4	3359	92.9	1675	46.3	621	17.2
2020	3978	98.1	3752	92.5	1890	46.6	732	18.1
2021	4445	98.2	4190	92.6	2070	45.7	811	17.9
2022	4795	98.2	4503	92.2	2246	46.0	888	18.2
平均	2792	98.6	2565	88.7	1190	40.4	432	14.4

由表3－1可以发现样本分布具有以下特征：第一，持有生产经营性房地产的企业远远多于持有投资性房地产的企业；相对于土地使用权，房屋建筑物是一种更为普遍的生产资料；投资房屋建筑物的企业又多于投资土

地使用权的企业。2007—2022 年，平均每年有 2792 家企业持有生产经营性房屋建筑物，在样本总量中的占比为 98.6%；有 2565 家企业持有生产经营性土地使用权，占比为 88.7%；有 1190 家企业持有投资性房屋建筑物，占比为40.4%；持有投资性土地使用权的企业仅有 432 家，占比为 14.4%。第二，我国上市企业在 2015—2016 年经历了对生产经营性房地产管理战略的调整。从时间维度来看，拥有生产经营性房地产的企业绝对数量虽然持续上升，但在总样本中的占比呈先上升后下降的趋势。其中，持有生产经营性房屋建筑物的企业占比在 2015 年达到最高值 99.1%，其后持续下降，到 2022 年降低至 98.2%；持有生产经营性土地使用权的企业占比在 2016 年达到最高值 93.6%，其后也持续下降，到 2022 年已降至 92.2%。第三，我国企业对投资性房地产的偏好持续上升。2007—2022 年，投资房屋建筑物及投资土地使用权的企业的绝对数量和相对占比整体都呈上升趋势。2021 年及之后，拥有投资性房地产的企业占比略有下降，这可能是因为在新冠疫情的影响下，部分企业陷入财务困境，减少了房地产投资，甚至可能通过出售投资性房地产来获取资金。

表 3-2 展示了不同行业的企业持有这四种类型公司房地产的情况。

表 3-2 样本在各行业的分布情况

行业	生产经营性房屋建筑物		生产经营性土地使用权		投资性房屋建筑物		投资性土地使用权	
	企业数量/家	占比/%	企业数量/家	占比/%	企业数量/家	占比/%	企业数量/家	占比/%
A	595	100.0	573	96.3	255	42.9	72	12.1
B	1041	96.5	990	91.8	358	33.2	45	4.2
C	28766	99.0	27864	95.9	10980	37.8	4301	14.8
D	1650	99.9	1544	93.5	828	50.1	193	11.7
E	1164	99.3	1008	86.0	770	65.7	243	20.7
F	2334	99.1	2061	87.5	1474	62.6	638	27.1
G	1377	98.3	1209	86.3	701	50.0	349	24.9
H	123	100.0	109	88.6	72	58.5	34	27.6
I	3175	95.4	2218	66.6	1486	44.7	345	10.4
J	1358	97.9	908	65.5	564	40.7	115	8.3

续表

行业	生产经营性房屋建筑物		生产经营性土地使用权		投资性房屋建筑物		投资性土地使用权	
	企业数量/家	占比/%	企业数量/家	占比/%	企业数量/家	占比/%	企业数量/家	占比/%
L	643	93. 1	504	72. 9	353	51. 1	239	34. 6
M	537	98. 5	433	79. 4	255	46. 8	69	12. 7
N	780	99. 0	711	90. 2	362	45. 9	100	12. 7
P	126	100. 0	107	84. 9	61	48. 4	12	9. 5
Q	175	96. 2	147	80. 8	72	39. 6	26	14. 3
R	608	98. 1	462	74. 5	321	51. 8	104	16. 8
S	219	100. 0	198	90. 4	121	55. 3	32	14. 6

注：A表示农、林、牧、渔业；B表示采矿业；C表示制造业；D表示电力、热力、燃气及水生产和供应业；E表示建筑业；F表示交通运输、仓储和邮政业；G表示信息传输、软件和信息技术服务业；H表示批发和零售业；I表示住宿和餐饮业；J表示金融业；L表示租赁和商务服务业；M表示科学研究和技术服务业；N表示水利、环境和公共设施管理业；P表示教育；Q表示卫生和社会工作；R表示文化、体育和娱乐业；S表示公共管理、社会保障和社会组织。下同。

从表3－2中可知，第一，从样本数量的行业分布来看，制造业企业数量最多，其次为住宿和餐饮业及交通运输、仓储和邮政业，其余行业的样本数量相对较少。第二，从样本占比的行业分布可以发现：①农、林、牧、渔业，批发和零售业，教育及公共管理、社会保障和社会组织对生产经营性房屋建筑依赖较高，持有企业占比均为100.0%，接下来依次为电力、热力、燃气及水生产和供应业（占比为99.9%）及建筑业（占比为99.3%）；对生产经营性房屋建筑物依赖较低的行业分别为租赁和商务服务业（占比为93.1%）、住宿和餐饮业（占比为95.4%）及卫生和社会工作（占比为96.2%）。②对生产经营性土地使用权依赖较高的行业分别为农、林、牧、渔业（占比为96.3%），制造业（占比为95.9%），以及电力、热力、燃气及水生产和供应业（占比为93.5%）；对生产经营性土地使用权依赖较低的行业分别为金融业（占比为65.5%）及住宿和餐饮业（占比为66.6%）。③投资房屋建筑物较多的行业分别为建筑业（占比为65.7%），交通运输、仓储和邮政业（占比为62.6%）；投资房屋建筑物较少的行业分别为采矿业（占比为33.2%）和制造业（占比为37.8%）。

④投资土地使用权较多的行业分别为租赁和商务服务业（占比为 34.6%），批发和零售业（占比为 27.6%），交通运输、仓储和邮政业（占比为 27.1%）；投资较少的行业分别为采矿业（占比为 4.2%）、金融业（占比为 8.3%）和教育（占比为 9.5%）。

表 3－2 说明各个行业的公司房地产持有情况具有较大差异，这一方面是因为各个行业的主营业务不同，房地产在企业中的战略地位不同，企业经营对房地产的依赖程度不同；另一方面，因为各个行业的企业数量本身存在较大差异，在整个市场上，制造业企业的数量远远高于其他行业，因此持有不同类型房地产的制造业企业数量也远高于其他行业。另外，还有一个可能的原因是不同行业的企业规模有较大差异，大规模企业具有更大的可能性持有房地产。

3.1.2　上市企业的公司房地产持有情况的年度分布

表 3－3 展示了企业在各年的公司房地产持有情况。从表 3－3 中可以发现以下特征：

第一，从四类公司房地产的占比来看，生产经营性房屋建筑物在总资产中的占比最高，平均为 13.89%，生产经营性土地使用权次之，平均占比为 3.55%，投资性房屋建筑物和投资性土地使用权的平均占比分别为 1.22% 和 0.14%。这一方面说明，我国企业持有房地产大多是为了满足其生产经营需要，而不是投资需要；另一方面说明，相对于土地使用权而言，房屋建筑物是我国企业的主要投资对象。

第二，从公司房地产持有量的绝对值及其增速来看，企业的四类房地产持有总量由 2007 年的 10.48 亿元上升至 2022 年的 27.79 亿元，整体上呈现持续上升的趋势，平均每年增加 6.93%。其中，仅在 2017 年和 2020 年两个时间点出现了房地产持有总量的下降。2017 年的房地产持有量下降可能与 2016 年 10 月国务院出台去杠杆的纲领性文件《关于积极稳妥降低企业杠杆率的意见》有关。在此背景下，银行缩紧流动性，企业债权融资难度上升，具有较高融资约束的企业会出售其生产经营性房地产以获取现金流。2020 年的房地产持有量下降应该与 2019 年底暴发的新冠疫情有关。在

表 3-3　2007—2022 年上市企业的公司房地产持有量情况

年份	生产经营性房屋建筑物			生产经营性土地使用权			投资性房屋建筑物			投资性土地使用权			总计		
	金额/亿元	增速/%	占比/%	金额/亿元	增速/%	占比/%	金额/亿元	增速/%	占比/%	金额/亿元	增速/%	占比/%	金额/亿元	增速/%	占比/%
2007	8.63	—	16.55	1.50	—	2.62	0.31	—	1.26	0.04	—	0.23	10.48	—	20.66
2008	9.81	13.7	16.71	1.97	31.3	3.40	0.44	41.8	1.57	0.05	14.3	0.22	12.26	17.0	21.91
2009	11.13	13.5	15.96	2.40	21.8	4.12	0.61	39.7	1.78	0.08	57.8	0.24	14.22	15.9	22.11
2010	11.70	5.1	13.99	2.70	12.4	3.80	0.60	-1.1	1.44	0.09	19.2	0.17	15.09	6.1	19.40
2011	12.16	4.0	13.23	3.02	12.0	3.78	0.62	3.5	1.32	0.08	-17.3	0.13	15.88	5.3	18.46
2012	13.36	9.9	13.67	3.26	7.8	3.93	0.66	6.1	1.23	0.08	3.9	0.11	17.36	9.3	18.94
2013	15.16	13.4	14.32	3.63	11.5	3.93	0.81	21.7	1.16	0.08	6.0	0.10	19.68	13.4	19.51
2014	17.13	13.0	14.71	3.80	4.7	3.86	0.83	2.6	1.15	0.12	46.7	0.13	21.89	11.2	19.85
2015	17.29	0.9	14.15	3.94	3.7	3.76	0.97	17.3	0.97	0.14	13.0	0.12	22.34	2.1	18.99
2016	17.82	3.1	13.38	4.00	1.3	3.63	1.09	12.4	0.99	0.14	-1.9	0.11	23.04	3.1	18.11
2017	17.72	-0.5	12.74	3.90	-2.3	3.43	1.16	6.8	1.01	0.16	17.9	0.12	22.95	-0.4	17.30
2018	19.05	7.5	12.90	4.30	10.1	3.46	1.36	16.9	1.10	0.19	17.6	0.11	24.90	8.5	17.57
2019	20.48	7.5	13.05	4.54	5.6	3.44	1.34	-1.6	1.15	0.19	0.5	0.11	26.55	6.6	17.76
2020	19.06	-6.9	12.05	4.46	-1.7	3.31	1.37	1.9	1.10	0.20	6.4	0.11	25.09	-5.5	16.57
2021	20.85	9.4	12.27	4.58	2.6	3.18	1.51	10.7	1.12	0.23	13.6	0.10	27.17	8.3	16.68
2022	21.53	3.2	12.51	4.62	0.9	3.13	1.57	3.7	1.15	0.25	8.6	0.10	27.97	2.9	16.91
平均	15.80	6.45	13.89	3.54	8.12	3.55	0.95	12.17	1.22	0.13	13.77	0.14	20.43	6.93	18.80

注：①占比是指各类房地产与企业总资产之比；剔除了房地产行业的所有上市企业。

②增速按（当期值-基期值）/基期值×100%计算，原始数据保留更多小数位。所有百分比差异均由四舍五入导致。

疫情影响下，社会需求下降，众多企业销量下滑陷入财务困境。此时，出售生产经营性房地产，既可以缩小业务规模，又可以创造现金流缓解财务压力，成为很多企业的选择。因此，2020 年生产经营性房屋建筑物总量下降了 6.9%，生产经营性土地使用权总量下降了 1.7%。

第三，从公司房地产持有率（房地产持有量/总资产）来看，我国非房地产上市企业在逐步进行去房地产化。2009—2022 年，公司房地产持有率从 22.11% 下降至 16.91%，降低了 5.20 个百分点。其中，生产经营性房屋建筑物降低了 3.45 个百分点，生产经营性土地使用权下降了 0.99 个百分点。

第四，房地产与股市之间存在一定的替代性。上市企业持有的投资性房屋建筑物和投资性土地使用权在 2008—2009 年和 2013—2014 年激增，而这两个时间段正是我国 A 股市场下行周期。这表明，对于上市企业来说，资本市场的景气程度会影响其在房地产市场的投资行为。

3.1.3　上市企业的公司房地产持有情况的行业分布

表 3-4 展示了四种不同类型的公司房地产持有量和持有率在各行业中的分布。从表 3-4 中可以发现：第一，从公司房地产持有总量来看，金融业的持有量最高，达到 10468.4 亿元；接下来依次为采矿业及电力、热力、燃气及水生产和供应业，持有总量分别为 8467.5 亿元和 8030.3 亿元。其中，金融业的生产经营性房屋建筑物持有量最高，采矿业持有的生产经营性土地使用权最多，建筑业持有的投资性房屋建筑物总量最多。第二，从公司房地产持有率来看，批发和零售业最高，达到 73.82%。这表明，房地产是这类企业的最主要资产，其中生产经营性房屋建筑物和生产经营性土地使用权的占比之和达到 67.88%。接下来依次为农、林、牧、渔业（29.69%），教育（27.76%），电力、热力、燃气及水生产和供应业（25.51%）。其中，批发和零售业拥有最高的生产经营性房地产占比，而租赁和商务服务业拥有最高的投资性房地产占比。

公司房地产持有率在各行业中的分布与公司房地产持有量的分布有所不同，这是因为不同行业企业的规模具有较大差异。例如，金融业拥有总量最大的房地产，但其在总资产中的占比仅为 5.28%，处于各行业最低，这是因为金融业上市企业的资产规模较大。

表3-4 各行业企业的公司房地产持有情况

Panel A：公司房地产持有量/亿元					
行业	生产经营性房屋建筑物	生产经营性土地使用权	投资性房屋建筑物	投资性土地使用权	总计
A	1698.0	217.8	20.7	0.9	1937.5
B	5963.8	2453.3	49.5	0.9	8467.5
C	1144.4	265.1	38.9	5.0	1453.5
D	7468.0	486.3	70.8	5.2	8030.3
E	2505.9	754.8	920.3	185.8	4366.8
F	1233.8	366.4	276.9	33.7	1910.9
G	2156.6	1159.3	148.3	30.4	3494.4
H	1580.7	272.1	73.4	0.9	1927.1
I	712.5	171.3	43.1	3.1	930.0
J	8541.5	1135.5	714.9	76.5	10468.4
L	535.4	331.3	583.1	118.6	1568.4
M	315.7	72.5	27.8	2.2	418.2
N	447.0	121.4	31.5	2.4	602.2
P	315.7	174.0	53.0	21.6	564.4
Q	458.6	127.2	14.6	1.1	601.5
R	535.3	233.7	115.2	7.8	891.9
S	561.6	217.2	74.0	5.7	858.5
平均	1716.5	384.7	108.9	15.6	2225.7
Panel B：公司房地产持有率/%					
行业	生产经营性房屋建筑物	生产经营性土地使用权	投资性房屋建筑物	投资性土地使用权	总计
A	23.04	5.71	0.90	0.03	29.69
B	15.80	2.62	0.77	0.03	19.23
C	13.91	3.75	0.79	0.09	18.54
D	21.57	3.01	0.86	0.07	25.51
E	5.61	1.55	1.87	0.10	9.12
F	15.87	3.67	3.51	0.30	23.35
G	11.98	4.96	0.93	0.18	18.05

续表

Panel B：公司房地产持有率/%					
行业	生产经营性房屋建筑物	生产经营性土地使用权	投资性房屋建筑物	投资性土地使用权	总计
H	51.76	16.12	5.59	0.34	73.82
I	8.11	1.64	1.63	0.13	11.51
J	3.59	1.05	0.56	0.07	5.28
L	10.12	3.96	7.00	1.38	22.46
M	12.62	2.85	1.17	0.08	16.73
N	14.67	3.97	1.11	0.10	19.84
P	17.59	5.83	3.99	0.35	27.76
Q	13.45	4.47	1.97	0.18	20.07
R	11.42	4.18	1.73	0.31	17.65
S	12.88	4.13	1.77	0.13	18.91
平均	13.45	3.51	1.17	0.13	18.26

注：表中总计值为原始数据直接计算结果，分项值为四舍五入后结果，故分项求和可能与总计值略有不同。

3.2　中国企业的公司房地产交易行为研究

本书从CSMAR数据库中下载了2002年至2023年5月的上市企业资产交易数据，从中筛选出标的为“房屋、建筑物或土地使用权”的交易，并剔除房地产企业的交易，共计获得1319家上市企业的2096起交易。其中，房地产购置交易1220起，占比58.21%；房地产剥离交易876起，占比41.79%。

3.2.1　上市企业的公司房地产交易的年度分布

图3-1展示了2003—2023年中国非房地产上市企业的房地产交易频率。从图3-1中可以看出，在样本区间内，我国企业的房地产交易频率整体上呈现出先上升后下降的趋势。在大部分时间段上，房地产购置和房地产剥离交易的变化趋势基本一致，除了在2010—2013年，呈现出购置交易上升而剥离交易下降的趋势。其原因可能在于，房地产的投资属性使其成为股票的投资替代品。在此区间，我国股票市场处于下行阶段，股票投资吸引力下降，而房地产价格处于持续上涨阶段，企业有动机减少股票投

资，增加了对房地产的购买。因此，房地产购置交易大幅上升，但剥离交易呈现下降趋势。

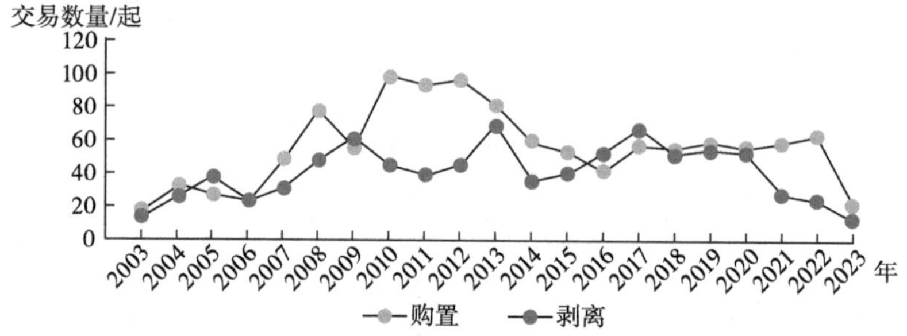

图 3－1　2003—2023 年上市企业公司房地产交易的变化趋势

为了探讨公司房地产交易的驱动因素，利用 GDP 增长率来量度经济周期，用全国平均房价（全国商品房销售总额/全国商品房销售面积）来刻画房地产市场周期，分析了房地产购置交易增长率、剥离交易增长率、经济周期与房地产市场周期的相关性，结果如表 3－5 所示。

表 3－5　公司房地产交易、经济周期与房地产市场周期的相关性

	购置交易增长率	剥离交易增长率	GDP 增长率	房价增长率
购置交易增长率	1			
剥离交易增长率	0.371	1		
GDP 增长率	0.668***	0.23	1	
房价增长率	0.045	0.433*	0.176	1

注：①本书用全国平均房价计算房价增长率，其中，全国平均房价＝全国商品房销售总额/全国商品房销售面积。②表中数据时间跨度为 2004—2022 年，频率为年度。③***、*分别表示在 1%、10% 的水平下显著。

从表 3－5 中可知，第一，房地产购置交易与房地产剥离交易之间并不存在显著的相关性。第二，企业的房地产购置行为与经济周期密切相关，购置交易增长率与 GDP 增长率相关系数为 0.668，且在 1% 的水平下显著为正，二者变化关系如图 3－2 所示。从图 3－2 中可以发现，房地产购置交易增长率与 GDP 增长率之间呈现出较强的正相关性，在大部分时间变化趋势基本一致。第三，房地产剥离交易增长率与房价增长率的相关系数为 0.433，并在 10% 的水平下显著，二者变化关系如图 3－3 所示。从图 3－3

中可知，企业的房地产剥离交易与房价增长率的变化具有一定的相同趋势。综上所述，企业的房地产购置和剥离决策受不同因素的影响，经济增长是影响房地产购置的重要因素，房价波动是影响企业房地产剥离的重要因素。

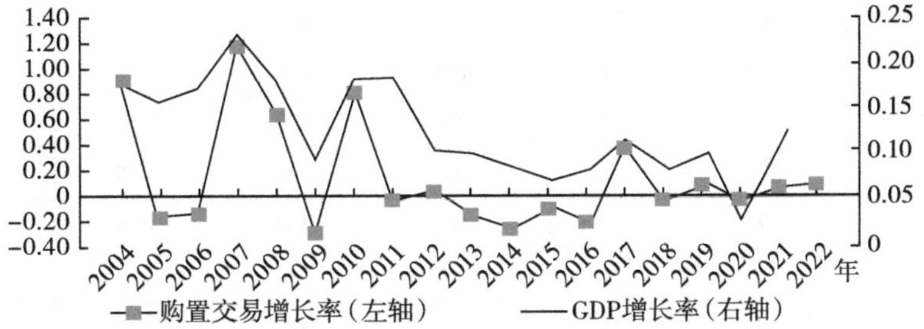

图 3－2　2004—2022 年房地产购置交易增长率与 GDP 增长率的变化趋势

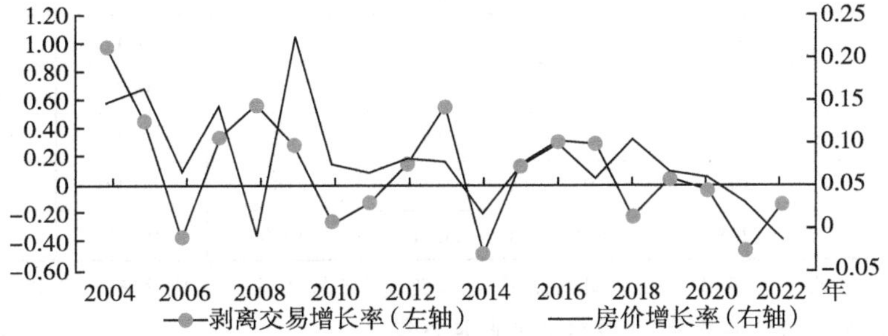

图 3－3　2004—2022 年房地产剥离交易增长率与房价增长率的变化趋势

3.2.2　上市企业的公司房地产交易的行业分布

表 3－6 展示了中国 A 股上市企业的公司房地产交易的行业分布。从各行业公司房地产交易的绝对数量来看，制造业的交易频率最高，买入和卖出交易总共有 1377 起，其次为交通运输、仓储和邮政业；教育的房地产交易频率最低，只有 3 起，这与各行业的上市企业数量有直接关系。从各行业公司房地产交易数量占该行业企业总数的比例来看，批发和零售企业以及公共管理、社会保障和社会组织的交易频率最高，分别达到 77.8% 和 53.3%，这意味着该行业中多半企业进行了房地产交易；房地产交易频率较低的是科学研究和技术服务业，只有 10.6% 的企业进行了房地产交易。

表3－6　上市企业的公司房地产交易的行业分布

行业	买方/起	卖方/起	总计/起	企业总数/家	占比1/%	占比2/%
A	13	29	42	49	2.0	44.9
B	19	22	41	83	2.0	31.3
C	807	570	1377	3443	65.8	26.2
D	28	38	66	135	3.2	26.7
E	56	28	84	112	4.0	35.7
F	105	66	171	200	8.2	44.0
G	31	22	53	120	2.5	29.2
H	4	7	11	9	0.5	77.8
I	67	30	97	399	4.6	17.3
J	22	10	32	132	1.5	15.2
L	20	16	36	62	1.7	30.6
M	11	4	15	104	0.7	10.6
N	10	6	16	97	0.8	13.4
P	1	2	3	11	0.1	18.2
Q	3	1	4	17	0.2	23.5
R	7	16	23	62	1.1	22.6
S	14	9	23	15	1.1	53.3
总计	1218	876	2094	5050	100.0	44.9

注：占比1表示各行业公司房地产交易数量/交易总量；占比2表示各行业进行公司房地产交易的企业数量/各行业上市企业总量。

3.2.3　上市企业的公司房地产交易的其他分布特征

表3－7展示了中国A股上市企业2003—2023年公司房地产交易的标的物类型分布。从表3－7中可以发现，以土地使用权为标的物的交易共计1115起，占比为53.20%，其中，买入土地使用权804起，卖出311起；有981起交易以房屋建筑物为标的，其中买入416起，卖出565起。这表明，相对于房屋建筑物，企业更倾向于持有土地使用权，表现为买入比例高，而卖出占比低。原因可能来自两个方面：一是企业认为土地使用权的投资价值和使用价值更高；二是房屋建筑物的流动性更强，在卖出交易中更容易变现。

表 3-7 上市企业的公司房地产交易的标的物类型分布

标的物类型	买方/起	卖方/起	总计/起	占比/%
土地使用权	804	311	1115	53.20
房屋建筑物	416	565	981	46.80
总计	1220	876	2096	100.00

表 3-8 展示了中国上市企业的公司房地产交易的关联性分布。从表 3-8 中可知，总共有 1604 起交易报告了交易的关联性。其中，非关联交易 1141 起，占比为 71.13%；关联交易 463 起，占比为 28.87%。

表 3-8 上市企业的公司房地产交易的关联性分布

关联性	买方/起	卖方/起	总计/起	占比/%
非关联交易	695	446	1141	71.13
关联交易	298	165	463	28.87
总计	993	611	1604	100.00

表 3-9 展示了中国上市企业的公司房地产交易的支付方式分布。企业交易房地产的支付方式主要有债务（以资抵债）、现金、股票、资产四种基本方式，以及组合支付方式。从表 3-9 中可以看出，现金是最主要的支付方式，在交易总量中的占比为 98.52%；在房地产购置交易中，买方企业还会选择其他方式来进行支付，如有 12 起交易为“以资产换房地产”，11 起为“以股票换房地产”，还有 5 起为混合支付方式；但在房地产出售交易中，只有 2 起为“以资产换房地产”，其余均为现金支付方式。这表明上市企业出售房地产的主要目的可能是缓解企业融资困境，因此更偏好现金支付方式。

表 3-9 上市企业的公司房地产交易的支付方式分布

支付方式	买方/起	卖方/起	总计/起	占比/%
承担债务	1	0	1	0.05
现金	1191	874	2065	98.52
现金和债务混合	2	0	2	0.10
现金和股票混合	1	0	1	0.05
现金和资产混合	2	0	2	0.10
股票	11	0	11	0.52

续表

支付方式	买方/起	卖方/起	总计/起	占比/%
资产	12	2	14	0.67
总计	1220	876	2096	100.00

3.3 本章小结

首先，本章深入分析了中国上市企业2007—2022年的公司房地产持有现状及交易行为。研究发现，中国上市企业持有公司房地产的主要目的是为生产经营服务，而投资性房地产占比相对较低。房地产持有总量整体呈现上升趋势，但持有率呈现下降趋势，这表明中国上市企业正逐步进行去房地产化。

其次，本章揭示了不同行业公司房地产持有情况的差异性，制造业，住宿和餐饮业以及交通运输、仓储和邮政业持有公司房地产的规模较大，而批发和零售业的公司房地产持有率最高，凸显了房地产对不同行业企业经营的重要性。研究发现，中国股票市场与房地产市场之间存在一定的替代关系，资本市场景气程度会影响企业在房地产市场的投资行为。

最后，本章进一步分析了中国上市企业2003—2023年的公司房地产交易行为，发现房地产交易频率整体呈现先上升后下降的趋势，且企业的房地产购置行为与经济周期密切相关，而房地产剥离行为更多受到房地产市场周期的影响。同时分析了公司房地产交易的行业分布、标的物类型分布、关联性分布以及支付方式分布，发现制造业的房地产交易频率最高，土地使用权是主要的交易标的，现金是最主要的支付方式。这些发现为理解中国企业公司房地产交易行为提供了重要支持。

第 4 章

公司房地产持有率的影响因素研究

企业持有房地产的目的有两种：在生产经营中作为生产要素投入和作为投资产品以分散企业投资组合风险、增加收益。这两种类型房地产的用途和对企业的贡献有较大差异。按照其性质，企业持有的房地产又有房屋建筑物和土地使用权之分，二者的开发程度、用途和收益产生模式也具有较大差异。因此，基于以上讨论，根据企业持有房地产的目的和房地产本身的性质，公司房地产可以分为四类：生产经营性房屋建筑物、生产经营性土地使用权、投资性房屋建筑物和投资性土地使用权。由于这四种类型房地产在企业中的用途不同，影响企业相应的房地产持有率的因素也有较大差异。

本章在对相关文献进行分析的基础上，总结了影响公司房地产持有率的企业内部因素，并通过数学建模的方式分析了房地产市场价格水平对这四类房地产持有率的影响，最后实证分析了各种因素对这四种房地产持有率的影响。

4.1 公司房地产持有率影响因素的理论分析

公司房地产持有率是企业一系列公司房地产决策的最终结果。企业的房地产决策除受内部因素的影响外，也会受到外部因素的影响。内部因素主要包括公司规模、投资机会、融资约束、负债水平、公司治理结构和行业等，外部因素主要是指房地产市场价格因素。企业的生产经营性房地产决策和投资性房地产决策都会受到其内部因素的影响，但外部市场因素对二者的影响有显著差异。企业在进行生产经营性房地产决策时，外部市场对企业决策的影响主要是通过成本因素来传导的，不同类型的生产经营性房地产的成本会受不同因素的影响；企业在进行投资性房地产决策时，不但要考虑成本，还要考虑收益，而不同类型的投资性房地产的收益渠道也有所不同。因此，市场对企业不同类型的房地产投资决策有不同的影响。

4.1.1 内部因素

（1）公司规模。

许多研究表明，规模较小的企业更倾向于租赁房地产而不是购置房地产。这是因为小规模企业的房地产需求较小，而且房地产本身具有不可分割性，小规模企业大多会选择通过租赁的方式来满足其用房需求。另外，小规模企业一般处于成长期，其投资需求面临更大的不确定性，选择租赁房地产有利于企业降低成本、保持流动性和灵活性。而对于大规模企业而言，则可能持有更多的房地产。一方面，大规模企业的主营业务规模较大，需要更多的房地产为其生产经营等活动提供场所和空间，同时，大规模企业极可能通过购置投资性房地产来实现分散化投资经营；另一方面，大规模企业的债务成本较低，它们可以通过低成本借贷来购置房地产，以寻求资产增值。基于上述原因，企业规模应与公司房地产持有率正相关，但已有的实证研究对此并无定论。Sharpe 和 Nguyen（1995）发现规模较大的企业拥有显著较多的房地产，Redman 和 Tanner（1991）发现规模较小的企业拥有更多的房地产，而 Liow（1995）发现这二者之间无显著关系。

（2）投资机会。

MM（Modigliani 和 Miller）理论认为企业的投资只与其资本成本有关，投融资决策可分离。只要是净现值为正的项目，企业都可以进行投资。而新古典综合派投资理论认为，企业的投资规模完全依赖于资金成本和投资机会等因素。投资机会更多的企业拥有更高的投资水平。如果企业未来的投资主要用于扩张主营业务，更多的生产经营性房地产可能作为生产要素投入经营活动；如果企业的未来投资主要用于开辟新的利润增长点，投资性房地产可能会成为分散化投资的重要选择。因此，投资机会越多的企业，其公司房地产持有率应该越高。

Tobin's Q 正是衡量企业投资机会的重要指标。Alty（2003）认为 Tobin's Q 虽然能反映企业未来的投资机会，但并不能准确反映企业近期的投资机会。梅丹（2005）认为产量能较好地反映企业的短期投资机会。她认为在竞争激烈的市场环境中，企业的产量增长表明企业具有未来的增长潜力，在未来拥有更多的投资机会。另外，Du 等（2007）指出拥有更多投资机会的企业会更容易避免资金短缺和财务困境。在这种情况下，企业会选择租赁而不是购置房地产，因此投资机会越多的企业，其公司房地产持有率越低。

基于以上两方面的讨论，投资机会对公司房地产持有率的影响是不确定的。

（3）融资约束。

在资本市场不完善的情况下，企业的投资机会受到融资约束的影响（Hubbard，1988）。当企业的内部可用资金不足时，外部融资成为必要选择。但由于投资者与企业之间存在信息不对称，投资者要求更高的风险溢价，企业就面临高额的外部融资成本。根据优序融资理论，企业会首选内部融资，然后选择外部债权融资，最后是外部股权融资。因此，企业的投资行为与其内部现金流显著相关。对于具有较高融资约束的企业，可能存在投资不足的现象。基于此，融资约束较高的企业应持有相对较少的房地产。

衡量企业的融资约束，主要有两个指标：股息支付高低和自由现金流。Fazzari 等（1988）用"股息支付高低"来衡量企业面临的融资约束，如果企业的股息支付较高，说明企业面临更低的融资约束。他们的实证研究发现，股息支付较低的企业，其投资水平对现金流更敏感。冯巍（1999）对中国企业的研究也得到了相似的结论。同时，企业的股利政策除反映其融资约束外，还在一定程度上反映了公司治理情况。La Porta 等（2000）的研究表明，公司治理较差的企业不愿发放现金股利，可能使用留存收益来购置房地产而不是选择租赁。因此，上述两种情况均表明，发放股利的企业会拥有更多的房地产。Sharpe 和 Nguyen（1995）研究发现，没有发放现金股利的企业的租赁比例比有现金发放的企业高出 25% 左右。

自由现金流是衡量企业是否存在内部融资约束的另一个因素。Sharpe 和 Nguyen（1995）发现，对于现金流短缺的企业而言，因租赁产生的年度固定资本成本显著高于现金充裕的企业。Krishnan 和 Moyer（1994）的研究也表明，财务约束对企业的房地产购置和租赁决策有重要影响。Brav 等（2005）、Graham 等（2005）的研究都表明，经理人会将企业的股利保持在某一水平，而当企业的内部现金流充裕，且未用于发放股利时，投资资本产品如房地产就成为可能的选择（Riddick and Whited，2007）。因此，在以上情况下，自由现金流与公司房地产持有率正相关。

（4）负债水平。

负债会从两方面对公司房地产持有率产生影响。一方面，负债会增加股东和债权人之间的代理成本，导致经理人的资产替代与投资不足行为；另一方面，负债有利于降低经理人与股东之间的代理成本（Jensen，1986）。当企业的债务较高时，为了偿还债务的本息，经理人通常会采取增加资金流入和减少资金流出的措施。由于房地产是一种资金需求量大且流动性极差的资产，难以快速变现，在这种情况下，债务较高的企业会减少房地产投资，甚至出售房地产来偿还企业的债务。此时，公司房地产持有率与负债水平负相关。但负债水平也可能与公司房地产持有率正相关，因为购置房地产的资金需求量极大，许多企业难以完全通过自有资金来持有，债务融资就成为必要的选择。

（5）公司治理结构。

Jensen 和 Meckling（1976）指出，由于公司所有权和控制权的分离，经理人有机会将企业的资源投资于净现值为负的项目，损害股东的利益。而 Du 等（2007）证实了投资房地产是经理人浪费企业资源的主要途径之一。因此，公司治理较差的企业会持有更多的房地产。

公司治理包括内部治理和外部治理两部分：内部治理是指权益人通过股东大会、董事会和经理层等治理主体构建的内部决策机制来实现其目的；外部治理是指公司的权益人通过市场体系对管理者进行控制（任冷，1999）。

衡量内部治理水平的指标主要包括对高管人员的股权激励、董事会特征和股权结构特征。对高管实施积极的股权激励，使其与股东利益保持一致，有助于降低二者之间的代理成本，促进公司治理。董事会特征中独立董事比例和董事长与总经理两职是否兼任是衡量董事会运行效率的重要指标。独立董事比例较高，董事长与总经理两职分离，说明董事会对经理人行为的监督更具有独立性和有效性。股权结构包括股权构成和股权集中度，中国上市企业股权构成有其独特之处：流通股与非流通股并存；流通股 A 股、B 股、H 股被分割到不同的市场，同股不同价；非流通股所占比重大，其中国家股和法人股占绝对控股地位。这种独特的性质对中国上市企业的治理绩效有着重要影响。李善民和陈玉罡（2002）的研究表明，国家股和法人股比例较高的企业拥有更好的治理绩效。许多研究也表明，集中的股权结构能有效激励大股东监督和约束经理人行为，降低股东与经理人之间的代理成本。因此，高管持股比例、独立董事比例、董事长与总经理两职分离、国有股和法人股比例、股权集中度都与公司房地产持有率负相关。

产品市场竞争作为一种外部治理机制，对企业的治理绩效具有重要影响。大量国内外实证研究表明，激烈的产品市场竞争能有效降低经理人与股东之间的代理成本。本书预期，产品市场的竞争程度与公司房地产持有率负相关。

（6）行业。

由于不同行业的经营性质不一样，企业对房地产的需求和用途不同，其持有的房地产数量和类型也具有较大差异。许多调查研究证明了这一点，如 Redman 和 Tanner（1991）、Brounen 和 Eichholtz（2005）。Du 等（2007）也研究了行业因素对公司房地产持有率的影响。

4.1.2　外部因素

对于企业而言，房地产具有生产要素和投资品的双重属性。因此，基于不同的属性，企业对于房地产有两种不同的需求：一种是生产要素的需求；另一种是投资品的需求。针对生产要素的需求，企业有三种方式可以满足：购房、租房和买地自建。针对投资品的需求，企业有两种方式可以满足：购房和买地自建。企业获得房地产后，有三种用途：自用、出租和出售。这三种用途会从三个渠道增加企业的价值：作为生产要素，为企业的生产管理活动提供服务，便于企业创造出更多的终端产品；通过出租获取稳定的租金收入；通过出售实现房产增值带来的资本收益。因此，房价、租金和地价三者之间的相互关系及其发展趋势会对企业的房地产决策产生影响。下面将通过模型来说明当前房价、租金和地价对公司房地产持有率的影响。

本书的基本假设如下：

第一，企业的房地产需求由生产经营性需求和投资性需求两部分组成，分别用 D^C 和 D^I 来表示。对于每一类需求，需求对象可按性质分为房屋建筑物和土地使用权，分别表示为 H 和 L。因此，$D^{C,H}$、$D^{C,L}$、$D^{I,H}$ 和 $D^{I,L}$ 分别表示用于生产经营的房屋建筑物需求、用于生产经营的土地使用权需求、用于投资的房屋建筑物需求和用于投资的土地使用权需求。企业的总房地产需求记为 D，有 $D = D^C + D^I$，$D^C = D^{C,H} + D^{C,L}$，$D^I = D^{I,H} + D^{I,L}$。

第二，企业面临的是两期的决策，在 t 期决定购置房地产，在 $t+1$ 期获取收益，不考虑 $t+1$ 期后的企业收益。

第三，只考虑房地产市场价格因素对企业决策的影响，不考虑其他因素的影响。

下面将分别讨论当前房地产市场价格如何影响企业四种不同类型的房地产需求。

（1）生产经营性需求。

企业的生产经营性房地产主要用于自身经营，不会用于出租以获取租金收入，因此其需求量主要受到自身的成本和对未来增值预期的影响，此外，替代品价格也会对其产生影响。

对于企业的生产经营性房屋建筑物需求，除通过购置的方式来满足外，企业还可以通过租赁或者购置土地自建的方式来满足。因此，租赁和购地自建就成为购房的替代品。除当前房价以及对未来房价的增值预期以外，当前的租金水平和地价水平也会对企业的生产经营性房屋建筑物需求产生影响。模型如下：

$$D_t^{C,H} = F_1(HP_t, RP_t, LP_t, g_t^{hp}) \tag{4-1}$$

企业的生产经营性土地有两种不同的用途：一是用于建设企业所需的

厂房、办公楼、仓库、员工宿舍等；二是直接将土地作为生产要素投入生产经营活动中，如发展农、林、牧、渔业等。对于第一类用途的生产经营性土地使用权需求，其本质上是对房屋建筑物的需求，企业也可以通过在房地产市场上购置房屋建筑物满足其需要；对于第二类生产经营性土地使用权需求，企业只能通过取得土地使用权来满足。因此，基于以上定义，企业对生产经营性土地使用权的需求会受到地价、对未来土地增值预期及其替代品房屋建筑物的价格的影响。模型如下：

$$D_t^{C,L} = f_1(HP_t, LP_t, g_t^{lp}) \tag{4-2}$$

在模型（4－1）和模型（4－2）中，HP、RP、LP 分别表示房价水平、租金水平和地价水平。g^{hp} 和 g^{lp} 分别表示未来的房价增值预期和地价增值预期，定义为 $g_t^{hp} = HP_{t+1} - HP_t$，$g_t^{lp} = LP_{t+1} - LP_t$ 。

（2）投资性需求。

对于企业的投资性房屋建筑物需求而言，投资土地使用权是其替代选择。企业取得房屋建筑物后，主要用于出租或出售。因此，除成本外，企业的决策还会受到收益的影响，企业投资房屋建筑物的收益主要来源于两个方面，一是租金收入，二是房价上升带来的资本增值。

$$D_t^{I,H} = F_2(HP_t, LP_t, g_t^{hp}, RP_{t+1}) \tag{4-3}$$

对于企业的投资性土地使用权需求而言，投资房屋建筑物是其替代选择。企业取得土地使用权后，可以通过建造房屋用于出租、出售获取收益，或者享受土地使用权增值带来的收益。因此，其可能的收益会受到未来的租金水平、房价水平，以及土地增值预期的影响。

$$D_t^{I,L} = f_2(HP_t, LP_t, HP_{t+1}, RP_{t+1}, g_t^{lp}) \tag{4-4}$$

基于以上模型，当期的房价、地价和租金水平以及对未来的房价、地价和租金水平的预期会从不同的方向和角度影响企业当期的房地产持有率。因此，如果要检验当前房地产市场价格水平对公司房地产持有率的影响，首先需要确定当期的房价、租金和地价对未来房价、租金和地价的影响。根据房地产本身的特征，以及已有的关于房价和租金、房价和地价关系的理论研究与实证研究得出以下假设。

假设 1：房价、租金和地价均存在高度自相关。

房屋建筑物和土地使用权均具有流动性差、异质性高、交易频率低等特点，并且物理特征在短时间内较难改变，因此，影响其销售价格和租赁价格的因素在短期内保持不变，房价、租金和地价应呈现出高度自相关性。

本章假设房价、租金和地价的自相关系数分别为 $a1$、$a2$ 和 $a3$，并且有 $a1>0$，$a2>0$，$a3>0$。可得：

$$\frac{\partial HP_{t+1}}{\partial HP_t}=a1>0,\frac{\partial RP_{t+1}}{\partial RP_t}=a2>0,\frac{\partial LP_{t+1}}{\partial LP_t}=a3>0 \quad (4-5)$$

假设 2：房价和租金之间具有相互发现功能。

出售和出租是房屋流通的两种不同形式。出售是一次性实现交换价值，出租则是分期实现其交换价值，所以房价和租金都是房屋价值的货币表现形式，二者之间应具有密切联系。在房地产市场和租赁市场均有效的情况下，房价和租金之间应具有相互发现的功能。

在关于租金和房价关系的传统理论中，迪帕奎尔 - 惠顿模型认为租金和房价的比值为 i，i 为资本化率，即投资者愿意持有住宅资产的当期期望收益率。因此，住宅资产的价格 P 由租金水平 R 通过资本化率 i 来确定，即 $P=R/i$。Case 等（2001）和 Clayton（1996）提出租金与房价的关系类似于股票市场中股利与股价的关系，他们认为房价是未来租金收益的现值之和。基于股票市场的经验，租售比对未来房价变化应具有预测能力。如果当前的租售比较低，说明房价相对于租金较高，由于房价是未来租金的现值之和，那么下一期的房价应下降。除租金对房价有修正作用以外，房价对租金也有修正作用。如果当前的租售比较低，说明当前的租金相对房价较低，当前的高房价说明该房屋会在未来获得更好的租金收入，下一期的租金会上涨（Clark，1995；Gallin，2004）。

因此，基于对房价和租金关系的分析可知，在市场有效的假设下，房价和租金有相互发现、相互修正的功能，租售比可用于预测未来的房价和租金变化。

记租售比为 r，$r_t=RP_t/HP_t$，并且有 $\frac{\partial HP_{t+1}}{\partial r_t}>0,\frac{\partial RP_{t+1}}{\partial r_t}<0$。同时，因为 $\frac{\partial r_t}{\partial RP_t}>0,\frac{\partial r_t}{\partial HP_t}<0$，可知：

$$\frac{\partial HP_{t+1}}{\partial RP_t} > 0, \frac{\partial RP_{t+1}}{\partial HP_t} > 0 \tag{4-6}$$

假设3：房价和地价之间具有相互发现功能。

土地和房地产是生产要素和产品的关系。根据李嘉图地租理论（Ricardo，1911），如果土地市场是有效的，土地作为房地产的“派生”或“引致”需求，其价格应由房价决定。而根据新古典经济理论（Needham，1981），如果房产市场是有效的，土地价格的上升必然导致住房成本上升，进而引起房价上涨（Bostic et al.，2007；Potepan，1996）。因此，在市场有效的前提下，房价和地价也存在相互发现的功能，能通过当前的房价和地价关系对未来的房价和地价关系进行预测。由此可知：

$$\frac{\partial HP_{t+1}}{\partial LP_t} > 0, \frac{\partial LP_{t+1}}{\partial HP_t} > 0 \tag{4-7}$$

根据已有的理论可知，在市场有效的前提下，房价和租金之间、房价和地价之间具有价格发现的功能，当前的房价、租金和地价对未来的房价、租金和地价变化有预测功能。根据模型（4-1）~模型（4-4），并结合式（4-5）~式（4-7），可以在市场有效的假设下，推导出当前的房价、租金和地价如何对企业四种不同的房地产需求产生影响。

对于生产经营性的房屋建筑物需求，有：

$$\frac{\partial D_t^{C,H}}{\partial HP_t} = \frac{\partial F_1}{\partial HP_t} + \frac{\partial F_1}{\partial g_t^{hp}}\frac{\partial g_t^{hp}}{\partial HP_t}$$

$$\frac{\partial D_t^{C,H}}{\partial RP_t} = \frac{\partial F_1}{\partial RP_t} + \frac{\partial F_1}{\partial g_t^{hp}}\frac{\partial g_t^{hp}}{\partial RP_t}$$

$$\frac{\partial D_t^{C,H}}{\partial LP_t} = \frac{\partial F_1}{\partial LP_t} + \frac{\partial F_1}{\partial g_t^{hp}}\frac{\partial g_t^{hp}}{\partial LP_t}$$

对于生产经营性的土地使用权需求，有：

$$\frac{\partial D_t^{C,L}}{\partial HP_t} = \frac{\partial f_1}{\partial HP_t} + \frac{\partial f_1}{\partial g_t^{lp}}\frac{\partial g_t^{lp}}{\partial HP_t}$$

$$\frac{\partial D_t^{C,L}}{\partial LP_t} = \frac{\partial f_1}{\partial LP_t} + \frac{\partial f_1}{\partial g_t^{lp}}\frac{\partial g_t^{lp}}{\partial LP_t}$$

对于投资性的房屋建筑物需求，有：

$$\frac{\partial D_t^{I,H}}{\partial HP_t}=\frac{\partial F_2}{\partial HP_t}+\frac{\partial F_2}{\partial g_t^{hp}}\frac{\partial g_t^{hp}}{\partial HP_t}+\frac{\partial F_2}{\partial RP_{t+1}}\frac{\partial RP_{t+1}}{\partial HP_t}$$

$$\frac{\partial D_t^{I,H}}{\partial RP_t}=\frac{\partial F_2}{\partial g_t^{hp}}\frac{\partial g_t^{hp}}{\partial RP_t}+\frac{\partial F_2}{\partial RP_{t+1}}\frac{\partial RP_{t+1}}{\partial RP_t}$$

$$\frac{\partial D_t^{I,H}}{\partial LP_t}=\frac{\partial F_2}{\partial LP_t}+\frac{\partial F_2}{\partial g_t^{hp}}\frac{\partial g_t^{hp}}{\partial LP_t}$$

对于投资性的土地使用权需求，有：

$$\frac{\partial D_t^{I,L}}{\partial HP_t}=\frac{\partial f_2}{\partial HP_t}+\frac{\partial f_2}{\partial HP_{t+1}}\frac{\partial HP_{t+1}}{\partial HP_t}+\frac{\partial f_2}{\partial RP_{t+1}}\frac{\partial RP_{t+1}}{\partial HP_t}+\frac{\partial f_2}{\partial g_t^{lp}}\frac{\partial g_t^{lp}}{\partial HP_t}$$

$$\frac{\partial D_t^{I,L}}{\partial RP_t}=\frac{\partial f_2}{\partial HP_{t+1}}\frac{\partial HP_{t+1}}{\partial RP_t}+\frac{\partial f_2}{\partial RP_{t+1}}\frac{\partial RP_{t+1}}{\partial RP_t}$$

$$\frac{\partial D_t^{I,L}}{\partial LP_t}=\frac{\partial f_2}{\partial LP_t}+\frac{\partial f_2}{\partial HP_{t+1}}\frac{\partial HP_{t+1}}{\partial LP_t}+\frac{\partial f_2}{\partial g_t^{lp}}\frac{\partial g_t^{lp}}{\partial LP_t}$$

当产品自身价格越高时，其需求量越小，因此可知：$\frac{\partial F_1}{\partial HP_t}<0$，$\frac{\partial f_1}{\partial LP_t}<0$，$\frac{\partial F_2}{\partial HP_t}<0$，$\frac{\partial f_2}{\partial LP_t}<0$。

当其替代品价格越高时，其需求量越大，因此可知：$\frac{\partial F_1}{\partial RP_t}>0$，$\frac{\partial F_1}{\partial LP_t}>0$，$\frac{\partial f_1}{\partial HP_t}>0$，$\frac{\partial F_2}{\partial LP_t}>0$，$\frac{\partial f_2}{\partial HP_t}>0$。

当产品未来的增值预期越高时，其需求量越大，因此可知：$\frac{\partial F_1}{\partial g_t^{hp}}>0$，$\frac{\partial f_1}{\partial g_t^{lp}}>0$，$\frac{\partial F_2}{\partial RP_{t+1}}>0$，$\frac{\partial F_2}{\partial g_t^{hp}}>0$，$\frac{\partial f_2}{\partial HP_{t+1}}>0$，$\frac{\partial f_2}{\partial RP_{t+1}}>0$，$\frac{\partial f_2}{\partial g_t^{lp}}>0$。

又因为 $g_t^{hp}=HP_{t+1}-HP_t$，$g_t^{lp}=LP_{t+1}-LP_t$，所以有 $\frac{\partial g_t^{hp}}{\partial HP_t}=a1-1$，$\frac{\partial g_t^{lp}}{\partial LP_t}=a3-1$。当 $a1>1$，$a3>1$，即市场预期未来房价高于当期房价时，$\frac{\partial g_t^{hp}}{\partial HP_t}>0$，$\frac{\partial g_t^{lp}}{\partial LP_t}>0$。同时，因为 $\frac{\partial RP_{t+1}}{\partial HP_t}>0$，$\frac{\partial HP_{t+1}}{\partial RP_t}>0$，$\frac{\partial HP_{t+1}}{\partial LP_t}>0$ 和 $\frac{\partial LP_{t+1}}{\partial HP_t}>0$，

可知 $\frac{\partial g_t^{hp}}{\partial RP_t} > 0$，$\frac{\partial g_t^{hp}}{\partial LP_t} > 0$，$\frac{\partial g_t^{lp}}{\partial HP_t} > 0$。因此，可以得出以下结论。

对于生产经营性房屋建筑物的需求有：当 $a1 \geqslant 1$ 时，$\frac{\partial D_t^{C,H}}{\partial HP_t} \sim ?$①；当 $a1 < 1$ 时，$\frac{\partial D_t^{C,H}}{\partial HP_t} < 0$，$\frac{\partial D_t^{C,H}}{\partial RP_t} > 0$，$\frac{\partial D_t^{C,H}}{\partial LP_t} > 0$。

对于生产经营性土地使用权的需求有：$\frac{\partial D_t^{C,L}}{\partial HP_t} > 0$；当 $a3 \geqslant 1$ 时，$\frac{\partial D_t^{C,L}}{\partial LP_t} \sim ?$，当 $a3 < 1$ 时，$\frac{\partial D_t^{C,L}}{\partial LP_t} < 0$。

对于投资性房屋建筑物的需求有：$\frac{\partial D_t^{I,H}}{\partial HP_t} \sim ?$，$\frac{\partial D_t^{I,H}}{\partial RP_t} > 0$，$\frac{\partial D_t^{I,H}}{\partial LP_t} > 0$。

对于投资性土地使用权的需求有：$\frac{\partial D_t^{I,L}}{\partial HP_t} > 0$，$\frac{\partial D_t^{I,L}}{\partial RP_t} > 0$，$\frac{\partial D_t^{I,L}}{\partial LP_t} \sim ?$。

通过对上述结论进行分析，可以发现：

①当前房价对企业生产经营性房屋建筑物需求量的影响不确定，这主要是因为企业需要在高成本和高增值之间进行权衡。当前的租金越高，企业的生产经营性房屋建筑物需求量越大，主要有两个方面的原因：一是替代品价格的影响；二是当前的租金越高说明未来房价升值的空间越大，企业能获得更多的资本增值。当前的地价越高，企业的生产经营性房屋建筑物需求量越大，其影响机制与租金一致。

②企业的生产经营性土地使用权需求量与当前的房价正相关。这一方面是由于房屋建筑物的替代品效应；另一方面是因为房价越高，说明未来土地增值空间越大。当前地价对企业的生产经营性土地使用权需求量的影响是不确定的，因为这依赖于企业对当前地价与未来地价之间的关系判断，需要企业在成本和未来增值预期之间进行权衡。

③对于投资性房屋建筑物的需求，当前房价对其的影响是不确定的，主要有三个方面的考虑：一是对于成本因素的考量，当前房价越高，投资

① 问号代表符号不可确认，正负都有可能。

成本越高；二是对房价未来增值空间的预期，如果未来房价与当期房价的相关系数大于1，当前房价越高，房价的未来上升空间越大；三是对未来租金收益的预期，当前房价越高，说明未来租金预期越高，企业会获得更多的收益。第一方面对投资性房屋建筑物需求的影响为负，第二方面对其的影响取决于当前房价和未来房价的相关系数，第三方面对其影响为正。

当前租金对投资性房屋建筑物需求的影响为正，受到两个方面的共同作用：一方面，当前租金越高，预示着未来的房价增值越高；另一方面，当前的租金越高，说明未来的租金水平也会处在较高的水平，企业投资房屋建筑物会获得更多的租金收益。

当前地价对投资性房屋建筑物需求的影响也为正，主要有两个方面的影响：一是投资替代品价格的影响；二是当前的地价越高，说明未来房价的增值空间越大。

④对于投资性土地使用权的需求，当前房价对其的影响为正，主要有四个方面的影响：一是投资替代品的影响；二是当前的房价越高，说明未来的租金收益越大；三是当前房价越高，说明未来的房价也会处于较高水平；四是当前的房价越高，说明未来地价上升的空间越大。

当前租金对投资性土地使用权需求的影响也为正，主要表现在两个方面：一是当前租金越高，说明未来的房价上升空间越大；二是当前租金越高，表明未来的租金水平越高。这二者都表明，企业对投资性土地使用权进行开发会获得较高的收益。

当前地价对投资性土地使用权需求的影响是不确定的，主要有三个方面的权衡：一是从成本的角度考虑，地价越高，投资成本越高。二是如果当前地价与未来地价的相关系数大于1，当前地价越高，说明未来地价的上升空间越大；反之则增值空间越小。三是当前地价越高，说明未来的房价上升空间越大，企业投资会获得较多的收益。

上述内容在市场有效的假设下，分析了当前市场的房价、租金和地价对四种不同公司房地产需求量的影响。而在不同的企业中，这三种价格水平对四种公司房地产持有率的实际影响主要依赖于两个方面：一是相关房地产在企业中的用途，这直接决定了该房地产的收益渠道；二是当前的房价、租金和地价是否如理论分析一样对未来的房价、租金和地价有预测能力。

此外，影响企业投资性房地产需求的因素除来自房地产市场的因素外，还有来自资本市场的因素。房地产具有投资属性，与资本市场的功能具有替代性。当资本市场收益上升时，企业资金将被吸引到资本市场，企业对房地产的投资减少；而当资本市场收益下降时，企业资金可能会离开资本市场，投资性房地产的持有量增加。

4.2　实证设计

4.2.1　变量描述

根据 4.1 节的分析，本章在研究中选择的代理变量见表 4 – 1。

表 4 – 1　变量列表

变量名称		变量代码	变量定义
被解释变量	公司房地产持有量	*CRE*	ln（企业持有的公司房地产账面原值）
内部因素	公司规模	*size*	ln（企业总资产）
	投资机会	*tobinq*	Tobin's Q
	股利政策	*divr*1	股利分配率
	自由现金流	*fcf*	经营性现金流 – 资本性支出 – 净营运资本的变化（单位：10 亿元）
	负债水平	*debtrate*	资产负债率
	产品市场竞争	*hhi*	行业 HHI
	高管持股比例	*excutivesr*	高管人员持股数量/总股数
	两职是否兼任	*dual*	当两职兼任时取 1，否则取 0
	股权集中度	*shrcr*1	第一大股东持股比例
	国家股比例	*statesc*	国家股股数/总股数
	法人股比例	*legalpsr*	法人股股数/总股数
	企业固定效应	*Id FE*	与企业有关但不随时间变化的因素
	行业因素	*Ind # Year FE*	各行业随时间变化的因素
外部因素	宏观因素	*Year FE*	仅随时间变化的因素
		province # Year FE	企业所在省随时间变化的因素
		city # Year FE	企业所在市随时间变化的因素

本书从 CSMAR 数据库中收集了上述内部因素相关变量 2007—2022 年

的数据。表4-2展示了本研究样本的描述性统计结果。研究涵盖了四种类型的固定资产持有量，分别为生产经营性房屋建筑物（*CRE*1）、生产经营性土地使用权（*CRE*2）、投资性房屋建筑物（*CRE*3）和投资性土地使用权（*CRE*4）。结果显示，样本企业在不同类型固定资产上的持有规模存在较大差异。此外，样本企业呈现出规模较大、投资机会差异较大、负债率中等以及自由现金流波动较大的特征。在公司治理结构方面，样本企业的股权集中度、法人股比例、高管持股比例和国家股比例均存在一定程度的差异。总体而言，样本企业在公司房地产持有、公司规模、财务状况、治理结构以及市场竞争等方面呈现出多样化的特征，为后续分析提供了良好的数据基础。

表4-2　变量的描述性统计

变量	观测值	平均值	标准差	最小值	最大值
*CRE*1	37079	5.802	1.731	0.000	12.525
*CRE*2	37079	4.221	1.932	0.000	11.677
*CRE*3	37079	1.575	2.135	0.000	11.363
*CRE*4	37079	0.403	1.131	0.000	10.334
size	37079	22.091	1.349	16.161	30.732
tobinq	37079	2.104	2.152	0.625	192.705
debtrate	37079	0.409	0.327	-0.195	41.939
fcf	37079	0.082	1.122	-22.872	52.974
*shrcr*1	37079	34.778	15.054	0.286	89.991
legalpsr	37079	0.097	0.189	0.000	0.939
excutivesr	37079	0.571	0.495	0.000	1.000
statesc	37079	0.053	0.146	0.000	0.971
dual	37079	0.292	0.455	0.000	1.000
*divr*1	37079	0.000	0.004	0.000	0.811
hhi	37079	0.007	0.056	0.000	1.000

4.2.2　模型建立

为了检验影响企业四种不同房地产持有率的内外部因素，构建模型如下：

$$CRE_{it} = \alpha + \beta Factors_{it} + \mu_i + \chi_t + \delta_{jt} + \lambda_{kt} + \nu_{mt} + \varepsilon_{it} \qquad (4-8)$$

其中，CRE_{it} 表示企业 i 在 t 年的房地产持有量，$Factors_{it}$ 是一个向量，包含了表 4-1 中列出的所有公司内部因素。μ_i 为企业固定效应，用于控制所有不随时间变化的企业个体差异，如企业风险偏好、融资能力差异、管理层决策风格、企业成立时间对资本市场熟悉程度的影响等。χ_t 为年度固定效应，用于控制所有不随企业个体变化的年度差异，如国家层面的宏观经济政策、利率调整、税收政策变化以及资本市场的发展等因素，均会对所有企业的房地产持有决策产生影响。δ_{jt} 为行业与年度的交互项，用于捕捉不同行业在不同年份受到的影响差异，如行业政策变化、行业周期波动、技术进步速度差异等，j 表示行业。λ_{kt} 为注册省与年度的交互项，用于控制不同省份在不同年份可能存在的差异，如地方性政策变化、经济发展水平差异、土地供应政策差异、省级层面资本市场发展情况差异等。ν_{mt} 为注册市与年度的交互项，用于控制不同城市在不同年份可能存在的差异，如城市产业结构调整、人口流动趋势、房价波动趋势、地价波动趋势、租金水平变化趋势、城市层面资本市场发展情况差异等。ε_{it} 为随机扰动项。

4.3　实证分析

本章将分别分析影响企业生产经营性房屋建筑物持有率、生产经营性土地使用权持有率、投资性房屋建筑物持有率和投资性土地使用权持有率的内外部影响因素。

4.3.1　生产经营性房屋建筑物影响因素

表 4-3 展示了生产经营性房屋建筑物持有量影响因素的回归结果。其中，模型（1）只控制公司内部随时间变化的因素；模型（2）在模型（1）的基础上加入企业固定效应；模型（3）在模型（2）的基础上加入年度固定效应；模型（4）在模型（3）的基础上加入行业与年度的交互项；模型（5）在模型（4）的基础上加入省份与年度的交互项以及城市与年度的交互项。从表 4-3 中可以得出以下两个结论。

表 4-3 生产经营性房屋建筑物持有量的影响因素

项目	(1)	(2)	(3)	(4)	(5)
	*CRE*1	*CRE*1	*CRE*1	*CRE*1	*CRE*1
size	0.824 ***	0.792 ***	0.670 ***	0.699 ***	0.689 ***
	(0.016)	(0.019)	(0.027)	(0.024)	(0.027)
tobinq	-0.043 ***	0.001	-0.009	-0.009	-0.005
	(0.010)	(0.007)	(0.009)	(0.009)	(0.010)
debtrate	0.205 **	0.393 ***	0.494 ***	0.479 ***	0.489 ***
	(0.100)	(0.082)	(0.085)	(0.084)	(0.097)
fcf	0.311 ***	0.227 ***	0.187 ***	0.175 ***	0.172 ***
	(0.106)	(0.029)	(0.029)	(0.030)	(0.031)
*shrcr*1	0.003 **	-0.002	-0.000	0.001	0.001
	(0.001)	(0.002)	(0.002)	(0.002)	(0.002)
legalpsr	-0.671 ***	-0.493 ***	-0.390 ***	-0.370 ***	-0.358 ***
	(0.062)	(0.048)	(0.050)	(0.048)	(0.055)
excutivesr	-0.145 ***	0.017	0.017	0.010	-0.000
	(0.031)	(0.021)	(0.021)	(0.020)	(0.022)
statesc	-0.067	-0.254 ***	-0.106 *	-0.129 **	-0.117 *
	(0.080)	(0.052)	(0.055)	(0.055)	(0.062)
dual	-0.152 ***	-0.041 *	-0.041 *	-0.038 *	-0.033
	(0.027)	(0.022)	(0.022)	(0.021)	(0.023)
*divr*1	0.173 ***	0.045 ***	0.044 ***	0.043 ***	0.043 **
	(0.031)	(0.017)	(0.016)	(0.016)	(0.018)
hhi	-3.246 *	-1.661 **	-0.693	-1.169	-1.320
	(1.862)	(0.846)	(0.846)	(0.844)	(0.964)
常数项	-12.347 ***	-11.747 ***	-9.143 ***	-9.804 ***	-9.611 ***
	(0.341)	(0.435)	(0.587)	(0.529)	(0.589)
观测值	37079	36614	36614	36614	34454
R^2	0.489	0.861	0.863	0.866	0.879
R^2变化	48.9%	37.2%	0.2%	0.3%	1.3%
Id FE		Y	Y	Y	Y
Year FE			Y	Y	Y
Ind # Year FE				Y	Y
province # Year FE					Y

续表

变量	(1)	(2)	(3)	(4)	(5)
	*CRE*1	*CRE*1	*CRE*1	*CRE*1	*CRE*1
city # Year FE					Y

注：括号中为稳健标准误，*** 表示 $p<0.01$，** 表示 $p<0.05$，* 表示 $p<0.1$。

第一，影响公司持有生产经营性房屋建筑物的因素，按解释程度从高到低排序依次为公司内部随时间变化的因素（48.9%）>企业个体差异（37.2%）>省份和城市环境因素（1.3%）>行业因素（0.3%）>时间趋势（0.2%）。

首先，模型（1）的 R^2 为0.489，表明公司规模、投资机会、融资结构等企业内部随时间变化的因素能够解释生产经营性房屋建筑物持有量48.9%的变异。其次，模型（2）相比模型（1）的 R^2 提升了37.2%（从0.489到0.861），说明企业个体差异对公司持有生产经营性房屋建筑物规模的解释力高达37.2%。这意味着，即使两家公司处于同样的行业，面对同样的宏观环境，拥有类似的规模和盈利能力，它们在房地产持有决策上也可能存在显著差异。再次，模型（5）相比模型（4）的 R^2 提升了1.3%（从0.866到0.879），说明省份和城市的环境因素解释了生产经营性房屋建筑物持有量1.3%的变异。从次，模型（4）相比模型（3）的 R^2 提升了0.3%（从0.863到0.866），说明行业因素对公司持有生产经营性房屋建筑物规模的解释力仅为0.3%。最后，模型（3）相比模型（2）的 R^2 提升了0.2%（从0.861到0.863），说明时间趋势对公司持有生产经营性房屋建筑物规模的解释力仅为0.2%。

第二，针对公司内部因素，研究发现：①在资源禀赋与资金充裕度方面，公司规模和自由现金流对生产经营性房屋建筑物持有量均存在显著的正向影响。这表明，公司拥有的资源越多、资金越充裕，越有能力购置生产经营性房屋建筑物，以满足其业务扩张和运营需求。②在公司治理与股东利益方面，不同类型股东对房地产投资的风险偏好和战略目标可能存在差异。研究发现，法人股比例越高，公司越不倾向于持有生产经营性房屋建筑物。这可能是因为法人股股东通常更注重企业盈利能力和市场价值，而持有大量房地产可能会降低企业短期盈利水平，增加资产负债率，从而影响其市场估值。相反，国有企业受到更严格的政府监管，投资决策更加谨慎，也表现出对持有生产经营性房屋建筑物相对消极的态度。③在投资机会与战略平衡方面，企业的投资决策需要在不同类型的资产之间进行权衡。研究发现，拥有更多高回报投资机会的企业反而倾向于持有更少的生产经营性房屋建筑物。这可能是因为，对于这类企业来说，将资金投入房地产市场的机会成本更高，它们可能更倾向于将资金用于开发新产品、开拓新市场等更高回报的项目。④在融资环境与风险偏好方面，更高的企业负债水平与更多生产经营性房屋建筑物持有量相关。这可能与企业利用债务融资进行房地产投资有关，但也可能反映了高杠杆企业更倾向于将资产以房地产形式保留在资产负债表上，以此作为风险缓冲手段。⑤在市场竞争与经营灵活性方面，激烈的市场竞争会抑制企业持有生产经营性房屋建筑物的积极性。这可能是因为，在竞争激烈的市场环境下，企业需要保持更高的运营效率和灵活性，而持有大量固定资产可能会降低企业的适应能力，增加运营成本。研究还发现，倾向于分配更多股利的公司也更倾向于持有更多生产经营性房屋建筑物，这或许反映了公司对未来盈利能力和现金流的乐观预期。

4.3.2 生产经营性土地使用权影响因素

表4－4展示了生产经营性土地使用权持有量影响因素的回归结果。模型（1）至模型（5）的设定与表4－3中一致。从表4－4中可以得出以下结论。

表4－4 生产经营性土地使用权持有量的影响因素

项目	(1)	(2)	(3)	(4)	(5)
	CRE2	*CRE2*	*CRE2*	*CRE2*	*CRE2*
size	0.842***	0.926***	0.696***	0.724***	0.726***
	(0.019)	(0.025)	(0.033)	(0.031)	(0.034)
tobinq	−0.076***	−0.010	−0.020**	−0.020**	−0.014
	(0.012)	(0.008)	(0.010)	(0.010)	(0.011)
debtrate	−0.242**	−0.180*	0.222**	0.207*	0.121
	(0.111)	(0.106)	(0.107)	(0.107)	(0.118)

续表

项目	(1)	(2)	(3)	(4)	(5)
	CRE2	*CRE2*	*CRE2*	*CRE2*	*CRE2*
fcf	0.230***	0.200***	0.192***	0.178***	0.162***
	(0.067)	(0.037)	(0.037)	(0.036)	(0.038)
shrcr1	0.007***	0.004*	0.002	0.003	0.003
	(0.002)	(0.002)	(0.002)	(0.002)	(0.002)
legalpsr	-0.381***	-0.318***	-0.029	-0.013	-0.042
	(0.073)	(0.064)	(0.064)	(0.063)	(0.070)
excutivesr	0.092**	0.060**	0.001	-0.009	-0.007
	(0.040)	(0.028)	(0.027)	(0.026)	(0.028)
statesc	-1.106***	-1.237***	-0.290***	-0.308***	-0.131
	(0.117)	(0.095)	(0.091)	(0.091)	(0.097)
dual	-0.042	0.029	0.010	0.014	0.020
	(0.033)	(0.026)	(0.026)	(0.025)	(0.027)
divr1	0.191***	0.051**	0.036	0.034	0.031
	(0.039)	(0.023)	(0.023)	(0.022)	(0.025)
hhi	1.546	-2.349*	0.121	-0.421	0.365
	(0.973)	(1.300)	(1.271)	(1.307)	(1.362)
常数项	-14.372***	-16.235***	-11.263***	-11.902***	-11.966***
	(0.408)	(0.561)	(0.716)	(0.680)	(0.755)
观测值	37079	36614	36614	36614	34454
R^2	0.367	0.802	0.817	0.821	0.845
R^2变化	36.7%	43.5%	1.5%	0.4%	2.4%
Id FE		Y	Y	Y	Y
Year FE			Y	Y	Y
Ind # Year FE				Y	Y
province # Year FE					Y
city # Year FE					Y

注：括号中为稳健标准误，*** 表示 $p<0.01$，** 表示 $p<0.05$，* 表示 $p<0.1$。

第一，影响公司持有生产经营性土地使用权规模的因素，按解释程度从高到低排序依次为：首先，模型（2）相比模型（1）的 R^2 提升了 43.5%（从 0.367 到 0.802），说明企业个体差异是影响生产经营性土地使用权持有量最重要的因素。其次，模型（1）的 R^2 为 0.367，表明公司规模、投资机会、融资结构等企业内部随时间变化的因素能够解释生产经营性土地使用权持有量 36.7% 的变异。再次，模型（5）相比模型（4）的 R^2 提升了 2.4%（从 0.821 到 0.845）。从次，模型（3）相比模型（2）的 R^2 提升了 1.5%（从 0.802 到 0.817）。最后，模型（4）相比模型（3）的 R^2 提升了 0.4%（从 0.817 到 0.821）。

与表 4-3 的结论进行对比可知，企业个体差异和公司内部随时间变化的因素对两类资产的持有规模均具有显著的解释力，而行业差异和时间趋势的影响相对较小。然而，企业个体差异、省份和城市环境因素对生产经营性土地使用权持有量的影响力显著高于对生产经营性房屋建筑物持有量的影响力。这可能是由于土地资源的稀缺性和不可移动性，以及政府对土地市场更严格的管控和政策影响，企业在获取和持有土地方面的决策自由度更低，更容易受到企业自身资源禀赋、历史渊源、政府关系以及地区差异等因素的影响。

第二，企业的资源禀赋和投资机会对其持有生产经营性土地使用权的规模具有显著影响。具体而言，公司规模和自由现金流越雄厚，企业越倾向于持有更多生产经营性土地使用权，这与企业在扩张过程中对土地资源的需求相符。与此同时，拥有更多高回报投资机会的企业则表现出对持有土地的消极态度，这可能是因为它们倾向于将资金配置到回报率更高的项目中。而其他因素，包括负债水平、股权集中度、两职兼任情况、股利分配政策以及产品市场竞争程度，对企业持有生产经营性土地使用权规模的影响并不显著。这意味着，企业在进行土地持有决策时，更侧重于自身的资源状况和战略发展方向，而较少受到公司治理结构、融资环境和市场竞争等因素的影响。

与表 4-3 的结果对比发现，企业的资源禀赋和投资机会对其持有生产经营性固定资产的决策具有普遍性的影响，而其他因素的影响则因资产类型的不同而有所差异。具体而言，公司规模、自由现金流、投资机会和国家股比例对企业持有生产经营性房屋建筑物和土地使用权的影响方向和显著性基本一致。然而，负债水平、法人股比例仅对生产经营性房屋建筑物的持有规模具有显著影响，对生产经营性土地使用权的影响不显著，这可能与土地资源的特殊性以及抵押品属性差异有关。此外，公司治理结构对两种类型固定资产持有量的影响均不显著，说明其作用机制可能更为复杂，需要更深入的研究。

4.3.3　投资性房屋建筑物影响因素

表 4－5 展示了投资性房屋建筑物持有量影响因素的回归结果。将其与表 4－3 的回归分析结果进行比较，可以发现以下结论。

表 4－5　投资性房屋建筑物持有量的影响因素

项目	(1)	(2)	(3)	(4)	(5)
	CRE3	*CRE3*	*CRE3*	*CRE3*	*CRE3*
size	0.404***	0.564***	0.116***	0.120***	0.115***
	(0.027)	(0.032)	(0.039)	(0.039)	(0.043)
tobinq	−0.045***	−0.011	−0.025**	−0.025*	−0.028**
	(0.016)	(0.011)	(0.013)	(0.013)	(0.014)
debtrate	0.233	−0.008	0.436***	0.428***	0.424***
	(0.147)	(0.131)	(0.131)	(0.131)	(0.142)
fcf	−0.030	0.228***	0.113**	0.105*	0.107*
	(0.108)	(0.058)	(0.057)	(0.057)	(0.063)
*shrcr*1	−0.003	−0.007***	−0.001	−0.000	0.002
	(0.002)	(0.003)	(0.003)	(0.003)	(0.003)
legalpsr	−1.294***	−0.639***	−0.204**	−0.209**	−0.239**
	(0.093)	(0.089)	(0.092)	(0.092)	(0.100)
excutivesr	−0.352***	−0.077**	−0.072*	−0.071*	−0.093**
	(0.057)	(0.039)	(0.038)	(0.038)	(0.041)
statesc	−0.489***	−0.493***	0.224**	0.249**	0.264**
	(0.131)	(0.103)	(0.109)	(0.110)	(0.126)
dual	−0.039	−0.001	−0.002	−0.005	0.009
	(0.048)	(0.040)	(0.039)	(0.039)	(0.041)
*divr*1	−0.055	0.007	0.020	0.021	0.032
	(0.058)	(0.032)	(0.030)	(0.030)	(0.033)
hhi	0.127	−4.006**	−0.487	−0.351	−0.567
	(1.952)	(1.820)	(1.822)	(1.825)	(1.885)

续表

项目	(1)	(2)	(3)	(4)	(5)
	CRE3	*CRE3*	*CRE3*	*CRE3*	*CRE3*
常数项	-6.895***	-10.495***	-1.043	-1.143	-1.068
	(0.585)	(0.719)	(0.866)	(0.877)	(0.949)
观测值	37079	36614	36614	36614	34454
R^2	0.108	0.717	0.730	0.731	0.762
R^2变化	10.8%	60.9%	1.3%	0.1%	3.1%
Id FE		Y	Y	Y	Y
Year FE			Y	Y	Y
Ind # Year FE				Y	Y
province # Year FE					Y
city # Year FE					Y

注：括号中为稳健标准误，***表示 $p<0.01$，**表示 $p<0.05$，*表示 $p<0.1$。

企业持有不同类型房屋建筑物的决策受到多重因素的影响，但影响程度和方向存在差异。首先，企业个体差异对投资性房屋建筑物持有量的影响力（60.9%）显著高于对生产经营性房屋建筑物持有量的影响力（37.6%），而省份和城市环境因素的影响则相反。这意味着，企业持有投资性房地产的决策可能更多地取决于企业自身特征和战略目标，如风险偏好、多元化经营策略等，而较少受到外部环境因素的影响；企业持有生产经营性房地产的决策则更容易受到地方政策、土地供应、区域经济发展水平等因素的影响。其次，公司规模、自由现金流和投资机会对两种类型房屋建筑物持有量的影响方向基本一致，说明企业的资源禀赋和战略发展方向对其固定资产投资决策具有普遍性的影响。

然而，其他因素的影响则存在差异。法人股比例对两种房地产持有量的影响方向一致，但对生产经营性房地产持有量的影响更大。这说明法人股股东对投资回报的敏感性在生产经营性房地产持有决策中更为突出。有趣的是，国家股比例的影响方向相反，对投资性房地产持有量的影响显著为正，而对生产经营性房地产持有量的影响显著为负。这可能与不同类型企业在投资性房地产持有方面的动机和约束条件差异有关，例如国企可能更看重政治任务或社会责任，而民企更关注市场回报。高管持股比例仅对投资性房地产持有量具有显著的负向影响，这可能意味着高管更了解公司未来发展战略和投资机会，当公司将更多资源投入投资性房地产时，可能暗示着缺乏更好的投资项目。公司治理结构的其他方面，包括股权集中度、两职是否兼任对两种类型固定资产持有量的影响均不显著。

4.3.4 投资性土地使用权影响因素

表4－6展示了投资性土地使用权持有量影响因素的检验结果。从表4－6中可知，企业个体差异（64.3%）是影响企业持有投资性土地使用权的最主要因素，其次是公司内部随时间变化的因素（6.0%），而省份和城市环境因素（3.0%）、时间趋势（0.4%）及行业因素（0.1%）的解释力均相对较小。具体变量方面，公司规模和自由现金流对投资性土地使用权持有量的影响显著为正，说明规模更大、资金更充裕的企业更有能力和动力持有更多投资性土地。投资机会的影响不显著，这与之前对投资性房屋建筑物的分析结果不同，可能意味着企业在面对更多高回报投资机会时，并不会显著减少对投资性土地的持有。其他变量，包括负债水平、股权结构、两职兼任情况、股利分配政策以及产品市场竞争程度对投资性土地使用权持有量的影响均不显著。这说明，企业持有投资性土地的决策可能更受长期战略目标和风险偏好的影响，而较少受到短期经营状况和外部环境因素的干扰。

与生产经营性公司房地产（房屋建筑物和土地使用权）相比，企业个体差异对投资性土地使用权持有量的影响更大，而公司内部随时间变化因素的影响更小。这进一步支持了之前的推测，即投资性房地产的持有决策更具有战略性和长期性，受企业自身特质的影响更大，而较少受到短期经营状况的影响。与投资性房屋建筑物相比，投资机会对投资性土地使用权持有量的影响不显著，这可能与两种资产的流动性差异有关。投资性土地使用权的流动性相对较差，企业可能不会因为出现更好的投资机会就轻易抛售土地使用权。与其他三种类型的固定资产相比，省份和城市环境因素对投资性土地使用权持有量的影响相对较小，这可能与投资性土地的特殊性有关，例如其用途可能受到更多限制，受地方政策和市场环境的影响相对较小。

表 4-6　投资性土地使用权持有量的影响因素

项目	(1)	(2)	(3)	(4)	(5)
	CRE4	*CRE4*	*CRE4*	*CRE4*	*CRE4*
size	0.173***	0.170***	0.064**	0.058**	0.061**
	(0.020)	(0.019)	(0.026)	(0.025)	(0.029)
tobinq	-0.005	0.003	-0.001	-0.001	-0.002
	(0.004)	(0.002)	(0.003)	(0.003)	(0.003)
debtrate	0.071**	-0.017	-0.015	-0.016	-0.015
	(0.036)	(0.024)	(0.031)	(0.031)	(0.030)
fcf	-0.034**	0.052***	0.045**	0.044**	0.043**
	(0.016)	(0.018)	(0.019)	(0.018)	(0.020)
*shrcr*1	0.002*	-0.003*	-0.001	-0.000	0.001
	(0.001)	(0.001)	(0.001)	(0.001)	(0.002)
legalpsr	-0.321***	-0.143***	-0.037	-0.042	-0.020
	(0.047)	(0.049)	(0.048)	(0.048)	(0.055)
excutivesr	-0.129***	-0.003	0.006	0.004	-0.004
	(0.032)	(0.023)	(0.023)	(0.022)	(0.024)
statesc	-0.249***	-0.245***	-0.115*	-0.103*	-0.113
	(0.071)	(0.056)	(0.061)	(0.060)	(0.071)
dual	0.012	0.033	0.033	0.032	0.043
	(0.026)	(0.024)	(0.025)	(0.024)	(0.027)
*divr*1	5.042***	2.466***	2.244***	2.219***	5.343
	(0.045)	(0.029)	(0.043)	(0.083)	(29.449)
hhi	0.364	-0.027	0.250	0.394	0.263
	(0.395)	(0.418)	(0.424)	(0.442)	(0.471)
常数项	-3.410***	-3.250***	-0.991*	-0.850	-0.947
	(0.451)	(0.452)	(0.597)	(0.568)	(0.653)
观测值	37079	36614	36614	36614	34454
R^2	0.060	0.703	0.707	0.708	0.738
R^2变化	6.0%	64.3%	0.4%	0.1%	3.0%
Id FE		Y	Y	Y	Y
Year FE			Y	Y	Y
Ind # Year FE				Y	Y
province # Year FE					Y

续表

项目	(1)	(2)	(3)	(4)	(5)
	CRE4	*CRE4*	*CRE4*	*CRE4*	*CRE4*
city # Year FE					Y

注：括号中为稳健标准误，*** 表示 $p<0.01$，** 表示 $p<0.05$，* 表示 $p<0.1$。

4.4 本章小结

本章将企业持有的公司房地产按其持有目的和房地产性质分为四类：生产经营性房屋建筑物、生产经营性土地使用权、投资性房屋建筑物和投资性土地使用权。分析了企业内部因素对这四类房地产持有率的影响，并建模分析了外部房地产市场价格因素对这四类房地产持有率的影响，最后，收集 2007—2022 年中国 A 股上市企业的数据，构建面板数据模型，并利用固定效应模型对四类公司房地产的影响因素进行实证检验。

研究发现，企业个体差异是影响公司持有各类固定资产规模的最主要因素，说明企业固定效应特征，如风险偏好、长期战略和管理风格等，对公司房地产持有决策至关重要。此外，公司内部随时间变化的因素，特别是公司规模、自由现金流和投资机会，也对公司房地产持有决策产生重要影响。公司规模越大、自由现金流越充裕的企业，越倾向于持有更多公司房地产，而拥有更多高回报投资机会的企业表现出相反的趋势。

然而，其他因素的影响因资产类型而异。负债水平、法人股比例和国家股比例仅对房屋建筑物（包括生产经营性和投资性）的持有规模具有显著影响，而对土地使用权（包括生产经营性和投资性）的影响并不显著。这可能与不同类型固定资产的抵押融资功能、政府管控程度以及企业持有动机差异有关。公司治理结构对各类公司房地产持有量的影响均不显著，暗示其作用机制可能较为复杂，需要更深入的研究和更精细的指标来捕捉。

本章的研究结果为理解中国企业房地产持有行为提供了经验证据，并为企业制定合理的固定资产投资策略提供了参考。未来的研究可以进一步关注不同所有制企业、不同行业、不同地区在固定资产持有决策上的差异，以及更细化的公司治理机制、宏观经济环境和政策因素对企业固定资产投资决策的影响。

第 5 章

公司房地产购置的财富效应研究

5.1 公司房地产购置对企业价值的影响分析

公司房地产购置对企业价值的影响是一个复杂且多维度的议题。房地产作为企业资产的一部分，其购置不仅涉及资本增值的可能性，还关系到企业整体运营的效率和风险管理。因此，对于企业而言，购置房地产既有可能带来诸多积极影响，也存在不可忽视的消极因素。

5.1.1 公司房地产购置对企业价值的积极影响

第一，资本增值。房地产具有显著的资本增值潜力，购置房地产能够增加企业的资产总额，从而增强企业的财务稳健性。房地产属于固定资产，也可以作为抵押品，提高企业的融资能力，特别是在资金紧张的情况下，这种资产能够提高企业的信用等级，使企业更容易获得贷款。

第二，协同效应。通过购置房地产，企业可以更加充分地利用其现有的管理、运营和财务资源，提高整体运营效率。例如，管理协同效应可以通过更有效地利用现有资源来提升管理效率，而经营协同效应主要通过规模扩张和市场竞争力的增强来体现。财务协同效应表现在企业可以通过购置房地产来提高资金的利用效率，将闲置资金用于购置具有增值潜力的资产，既可以作为未来储备，也可以在适当的市场条件下通过出售或出租获得额外收益。

第三，多元化发展。企业通过购置房地产还能实现业务多元化，进入房地产开发或租赁市场，开拓新的利润增长点，进一步提升企业的盈利能力和市场地位。

5.1.2 公司房地产购置对企业价值的消极影响

第一，降低流动性。房地产作为不动产，其流动性相对较差，这意味着在企业需要迅速变现资产以应对突发的财务需求时，可能难以快速出售房地产获取资金。尤其是在市场低迷或经济环境恶化的情况下，房地产难以按照预期的价格出售，甚至可能面临贬值的风险，从而影响企业的财务灵活性和稳健性。

第二，机会成本高。购置房地产需要大量资本投入，这些资本可以用于核心业务的扩展或高回报项目，从而存在较高的机会成本。如果企业将大量资金投入房地产，而非用于核心业务或技术创新，可能会错失重要的市场机会，影响长远发展。同时，房地产的管理和维护会带来额外的运营成本与管理负担，特别是在市场波动时，这些成本可能会对企业的盈利能力产生负面影响。

第三，增加财务风险。如果企业通过借贷来购置房地产，可能会增加财务杠杆，从而加大财务风险，特别是在房地产市场下行时，这种风险将更加突出。房地产市场本身的周期性波动也给企业带来不确定性，当市场处于低迷状态时，企业持有的大量房地产资产可能面临贬值的风险，进而削弱企业的整体价值。

5.2 公司房地产购置的财富效应检验

5.2.1 样本选择

本书从 CSMAR 数据库中提取出 2002 年至 2023 年 5 月沪深两市 A 股企业的资产重组信息，从中筛选出房地产购置事件，最终得到 744 家企业累计 907 起房地产购置事件。这些事件符合以下条件：①都是成功交易；②在该房地产交易公布的前后 20 日内，没有其他资产重组信息公布；③交易金额超过 1000 万元；④不包括房地产开发与经营类上市企业的房地产交易；⑤若同一次公告披露两起或两起以上的房地产交易事件，视为一起交易；⑥若数据库所记录的首次公告时间与证券交易所的首次公告时间不一致，以交易所的公告时间为准；⑦在 CSMAR 数据库或色诺芬数据库中能查询到其股票日收益率及所有的财务数据。

5.2.2　模型构建

本书采用标准事件研究法来检验公司房地产交易的财富效应。“事件”定义为公司房地产购置的首次公告。已有研究对事件窗的选择各有不同，有的仅为公告当日或前后几日，有的为公告前后几十日。但部分研究已证明公司资产交易存在消息泄露，市场在宣告前数日就有所反应。考虑到可能存在的消息泄露，同时为了保证样本量的大小，本书选择［-10，10］为事件窗，事件日前［-210，-31］为估计窗。

超额收益率的计算一般有三种模型：均值调整模型、市场调整模型和市场模型。其中，市场模型被国外学者广泛运用于各类研究之中，具有较好的适用性。市场模型假定公司股票的正常收益率可以由市场组合的收益率解释，其形式为

$$R_{it} = \alpha_i + \beta_i R_{mt} + \varepsilon_{it} \tag{5-1}$$

其中，R_{it} 为公司 i 在 t 时点的实际收益率；R_{mt} 为市场组合在 t 时点的收益率；α_i 和 β_i 分别为截距项和市场收益率的回归系数；ε_{it} 为误差项。通过估计窗口的数据，可以估算出 α_i 和 β_i 的值，并利用这些参数在观察窗口期内预测公司股票的正常收益率。

事件的影响通过计算超额收益率（Abnormal Return，AR）来衡量，超额收益率定义为公司在观察窗口期内的实际收益率与根据市场模型预测的正常收益率之差：

$$AR_{it} = R_{it} - (\alpha_i + \beta_i R_{mt}) \tag{5-2}$$

为了进一步评估事件对公司股东财富的总体影响，本书还计算了观察窗口期内的累计超额收益率（Cumulative Abnormal Return，CAR），其公式为

$$CAR_{it} = \sum AR_{it} \tag{5-3}$$

累计超额收益率反映了事件对公司价值的累积影响，通过对 CAR 进行统计检验，可以判断房地产购置行为是否对股东财富产生了显著影响。

5.2.3 实证结果

表5-1展示了不同事件窗口期内的累计超额收益率，包括窗口期[-10,10]、[-5，5]、[-3，3]和[-1，1]。由表5-1可知，在较短的窗口期[-1，1]内，平均*CAR*为-0.73%，且p值为0.01，达到显著性水平（$p<0.05$），表明在事件发生的前后几日内，市场对房地产购置行为产生了显著的负面反应。这意味着投资者可能担忧房地产购置事件会增加企业的财务负担或降低流动性，从而对公司价值产生不利影响。然而，在较长的窗口期[-10，10]和[-5，5]内，虽然平均*CAR*仍为负值，但p值均未达到显著性，表明这种负面反应并未在更长时间内持续，市场可能在事件发生后的几日内逐渐消化了这一信息。

表5-1　不同事件窗上的房地产购置累计超额收益率

事件窗	平均 *CAR*/%	t值	p值
[-10，10]	-0.71	-0.84	0.40
[-5，5]	-0.74	-1.26	0.21
[-3，3]	-0.63	-1.48	0.14
[-1，1]	-0.73	-2.60	0.01***

注：***表示$p<0.05$。

图5-1提供了事件窗[-5，5]内累计超额收益率的变化趋势。可以明显看出，累计超额收益率在事件发生前后的几日内呈下降趋势，尤其是在事件发生当天和之后几日，市场对房地产购置的反应较为消极。这一趋势与表5-1的结果一致，进一步验证了事件在短期内确实对公司股价产生了负面影响。然而，随着时间的推移，累计超额收益率曲线趋于平稳，表明市场逐渐适应了这一事件，负面情绪有所缓解。

本研究的发现与部分已有研究一致。例如，Hwa（2008）发现，房地产购置行为在公告时常引发市场负面反应，尤其是当投资者担心企业现金流或流动性时，这种反应更为明显。然而，Liow和Ooi（2004）的研究表明，短期内市场反应可能不一致，有时甚至会因市场对购置目的和预期收益的解读不同而引发正面反应。本研究还发现，尽管短期内市场反应显著为负，但在较长时间窗口内，负面效应并不显著，这与Chaney等（2012）

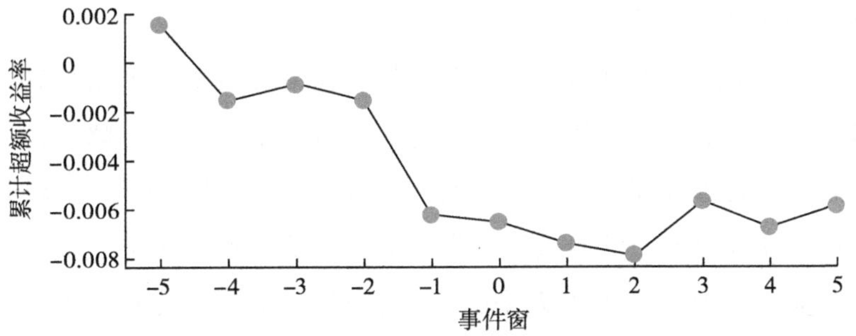

图 5 -1　房地产购置企业在事件窗［-5，5］上的累计超额收益率

的研究结果一致，即市场通常会逐渐消化信息并重新评估其战略价值。图 5 -1 显示了市场在事件后逐渐回稳的趋势，支持了市场适应性的观点。虽然有研究（如 Hwa，2008）指出在某些市场条件下房地产购置可能会导致长期负面效应，但本研究未在较长时间内发现显著负面影响，可能是样本企业或市场条件的差异所致。

5.3　公司房地产购置财富效应的影响因素研究

5.3.1　公司房地产购置财富效应影响因素的理论分析框架

公司房地产购置的财富效应是指企业宣告房地产购置活动引起的股价变化，有长期和短期之分，本书主要研究企业的短期股价变化。长期的股价变化主要反映了所购置房地产为企业带来的收益，而短期的股价变化受到多方面因素的影响，包括交易频率、交易标的、市场景气状况及其他因素。本书按其性质将影响财富效应的因素分为与购置企业相关的因素、与交易相关的因素和与市场相关的因素三类，分别总结为企业特征、交易特征和市场环境特征。

5.3.1.1　企业特征

本书从中国企业特点出发，以中国证券市场为背景，对购置企业的特征进行分析，主要包括公司规模、行业差异、增长潜力、负债水平、盈利能力、治理结构和行业竞争等方面。

（1）公司规模。

首先，根据信息不对称理论，大型公司通常拥有更高的市场知名度和更透明的信息披露机制，因此在购置房地产时，市场对其战略意图的理解较为清晰，反应通常较为中立或正面；而中小型公司由于信息披露较少，市场对其购置行为的动机和风险更为不确定，反应可能更为负面。最近的研究也支持这一观点，指出大型公司的信息透明度降低了市场的不确定性，从而减少了出现负面反应的可能性（Putri et al.，2023）。其次，根据财务资源理论，大型公司拥有更充足的财务资源和更强的融资能力，能够更好地应对购置房地产所带来的财务负担，投资者对其财务稳定性的担忧较少，进而弱化了市场的负面反应；而中小型公司由于财务资源有限，购置房地产可能显著增加其财务杠杆，导致市场的负面反应更为显著（Arafat and Pusvikasari，2023）。再次，规模经济理论表明，大型公司能够通过房地产购置实现规模经济和协同效应，市场往往将其购置行为视为战略性扩张的一部分，反应较为正面或中性；而中小型公司则可能难以充分利用规模经济，其购置行为可能被视为偏离核心业务的冒险，导致市场的负面反应。最后，大型公司具有更强的风险承受能力和更高的多元化程度，能够更好地应对房地产市场的波动，从而减轻了负面财富效应；而中小型公司在面临房地产市场不稳定时，购置行为可能会放大其整体风险暴露，引发更显著的负面市场反应。

综上所述，大型公司由于信息透明度高、财务资源充足、能够实现规模经济和更好地管理风险，市场反应通常较为温和或正面；而中小型公司则因信息不对称、财务资源有限、规模经济不足以及较低的风险承受能力，市场反应往往更加负面。

（2）行业差异。

首先，资本密集度高的行业（如制造业）通常将房地产购置视为必要的生产投资，因此市场反应较为中立或正面；而在资本密集度低的行业（如服务业），房地产购置可能被视为分散资源的行为，导致市场负面反应强烈。其次，周期性行业（如建筑业）的公司在购置房地产时，可能面临更大的市场波动风险，因此市场反应更为谨慎或负面。相比之下，非周期性行业的市场反应则较为稳定。总体而言，行业特征通过影响市场对企业房地产购置行为的预期，直接决定了这种行为的财富效应。研究表明，不同行业的市场反应和风险承受能力差异显著，因此理解行业特征对房地产购置决策至关重要（Chang and Lee，2022）。

（3）增长潜力。

增长潜力对公司房地产购置的财富效应具有重要影响。首先，增长潜力高的公司通常被视为具备扩展和发展的强大能力，因此其房地产购置行为可能被市场解读为支持未来增长战略的关键举措，进而带来正面的市场反应。其次，高增长潜力的公司往往能够更有效地整合新购置的资产，使这些资产在未来能够更好地服务于公司的长远发展，从而进一步提升公司价值。总体而言，市场通常对增长潜力高的公司房地产购置行为持积极态度，认为这些行为有助于提升公司长期价值（Labo，2023）。

（4）负债水平。

负债水平对公司房地产购置的财富效应具有重要影响。首先，高资产负债率的公司通常面临更高的财务风险，在进行房地产购置时，市场可能担心其偿债能力受到影响，进而引发负面的市场反应。其次，高资产负债率的公司往往资金压力较大，房地产购置可能被视为进一步增加财务负担的行为，市场对其未来盈利能力可能持更为悲观的预期。相反，低资产负债率的公司在进行房地产购置时，市场可能认为其财务状况稳健，购置行为更有可能被视为合理的资产配置，从而减少负面反应或产生正面效应。总体而言，资产负债率是决定市场如何解读公司房地产购置行为的重要因素，高资产负债率通常会放大市场对财务风险的担忧，从而对股东财富产生负面影响（Bui et al.，2023）。

（5）盈利能力。

首先，高盈利能力的公司通常被视为具有更强的资金自我积累和投资回报能力，在进行房地产购置时，市场可能将其视为明智的资本配置选择，进而产生正面的财富效应。其次，高盈利能力还反映了公司在经营管理方面的效率，这使得市场对其资产管理和购置决策更有信心，从而增强了市场的正面反应。总体而言，盈利能力强的公司在进行房地产购置时，更容易获得市场的认可和支持，从而增加股东财富（Kurniawan et al.，2023）。

（6）治理结构。

首先，良好的外部治理，如市场机制和股东权益保护，能够有效约束管理层的决策行为，确保房地产购置符合公司长期战略，从而减少代理成本，增加股东财富。这一观点得到了近年来研究的支持，表明房地产公司外部治理机制的健全能够显著提升企业的市场价值（Morri et al.，2023）。其次，内部治理机制，如董事会独立性和管理层股权激励，可以有效监督和激励管理层的行为，确保其房地产购置决策有利于公司长期价值的提升。例如，独立董事比例的增加通常与公司价值的提升正相关，其增强了公司决策的科学性和透明度（Fitri and Surjandari，2022）。股权结构包括股权构成和股权集中度。中国上市企业股权构成有其独特之处：一是流通股与非流通股并存；二是流通股 A 股、B 股、H 股被分割到不同的市场，同股不同价；三是非流通股所占比重大，其中国家股和法人股占绝对控股地位。这种独特的性质对中国上市企业的治理绩效有着重要影响。李善民和陈玉罡（2002）研究发现，国家股和法人股比重最大的收购公司获得的财富效应显著高于 A 股流通股比重最大的收购公司。另外，许多研究表明，集中的股权结构能够有效地激励大股东监督和约束经理人行为，降低股东与经理人之间的代理成本。综上所述，健全的公司治理结构，结合外部和内部治理机制，有助于优化公司房地产购置决策，进而使股东财富最大化。

（7）行业竞争。

首先，在高度竞争的行业中，公司可能会利用房地产购置来巩固其市场地位或获取竞争优势，这通常会被市场解读为积极的战略举措，从而带来正面的财富效应。其次，在竞争程度较低的行业中，房地产购置可能被视为公司的风险规避行为，因为市场对其扩展能力的预期较低，这可能导致市场反应更加保守或负面（Ambrose et al.，2017）。

5.3.1.2　交易特征

（1）交易规模。

交易的相对规模越大，对企业的影响通常越显著。最新研究表明，房地产购置的超额收益与交易的相对规模正相关，尤其在大规模交易中，市场往往认为公司具有更强的整合能力和资源配置能力，从而产生正面的财富效应。然而，其他研究发现，当样本分为大规模和小规模交易时，大规模交易的超额收益可能与交易的相对规模负相关，这表明交易规模的影响受其他因素制约，如市场预期、公司治理和宏观经济环境。因此，交易的相对规模对公司房地产购置的股东财富变化可能存在不确定性，取决于具体的企业和市场环境（Gupta et al.，2021）。

（2）支付方式。

公司房地产购置的支付方式包括现金、债权和股权三类。首先，使用现金支付方式通常被市场解读为公司财务健康和管理层对投资价值有信心的表现，因而往往能够带来正面的市场反应。其次，使用非现金支付方式（如股票支付）可能会引发市场对公司股价被高估的担忧，尤其是在管理层持有大量股票的情况下，这种支付方式可能会被视为规避稀释股权的手段，从而导致负面的财富效应。总体而言，支付方式的选择不仅反映了公司管理层的财务决策能力，也影响了市场对房地产购置行为的解读和反应（Attaoui et al.，2021）。

（3）标的类型。

公司房地产购置的标的包括房屋建筑物、土地使用权和两者皆有的混合标的三类，不同类型的购置标的伴随着不同的收益和风险。首先，单独购置房屋建筑物可能被视为直接扩展公司运营能力的行为，因而市场可能对这类交易做出正面反应。其次，土地使用权获得更多与长期投资或未来发展计划相关，市场反应可能较为保守，取决于公司在土地开发方面的记录和计划。混合标的（同时购置房屋建筑物和获得土地使用权）的交易可能被视为更为复杂且战略性更强的投资，市场对此的反应往往取决于公司如何整合与管理这些资产。总体而言，交易标的类型决定了市场如何解读公司的战略意图，并进而影响股东财富的变化。

（4）资金来源。

首先，使用内部资金或自有现金流进行房地产购置，通常被市场视为公司财务稳健和决策自信的表现，从而带来正面的市场反应。其次，依赖外部融资（如债务或股权融资）进行房地产购置，可能会引发市场对公司财务风险增加的担忧，尤其是在经济不确定性较高的情况下，这种担忧可能导致负面的财富效应。总体而言，资金来源在很大程度上影响了市场对公司房地产购置行为的解读，进而影响股东财富的变化（Rizkiani and Yusniar，2023）。

（5）关联交易。

关联交易对公司房地产购置的财富效应有着重要影响。首先，关联交易可能被市场视为一种利益输送或管理层自利行为，尤其是在缺乏有效治理的情况下，这类交易可能导致股东财富的流失，因而引发负面的市场反应（Alsultan，2023）。其次，如果公司能够通过关联交易实现资源的有效配置和成本的降低，如在关联方之间进行房地产购置以优化资产结构，则这类交易可能带来正面的财富效应（Abigail and Dharmastuti，2022）。总体而言，关联交易的效果取决于交易的透明度和公司治理结构，透明且治理完善的关联交易更有可能增加公司价值。

5.3.1.3 市场环境特征

市场环境在公司房地产购置的财富效应中起着至关重要的作用。首先，经济的整体状况（如 GDP 增长率、利率水平等）直接影响房地产市场的健康程度，从而影响公司购置房地产的市场反应。在经济环境稳定且房地产市场强劲时，公司的购置行为往往被视为明智的投资决策，因而带来正面的财富效应。其次，市场的不确定性，如经济衰退或政策变化，可能导致房地产市场波动，使公司购置房地产的风险增大，从而引发负面的市场反应。总体而言，市场环境决定了公司房地产购置的潜在收益和风险水平，从而影响了股东财富的变化（Yurisafira et al.，2023）。

5.3.2　公司房地产购置财富效应影响因素的实证检验

5.3.2.1　变量与数据

表5-2展示了公司房地产购置财富效应研究中的影响因素及其对应的变量名称和定义。影响因素包括公司规模、行业差异、增长潜力、盈利能力、治理结构、负债水平和行业竞争等企业特征，以及交易规模、支付方式、资金来源、关联交易、标的类型等交易特征。此外，还包括市场环境特征，用年度虚拟变量来衡量。这是因为市场环境通常会随着时间的推移而发生变化，如经济周期的波动、政策的变化和市场条件的变化。年度虚拟变量不仅能够有效控制这些年度间的变化，以确保实证分析能够准确识别其他变量的独立影响，还能够识别出哪些特定年度对公司房地产购置的财富效应具有显著影响。

本书选择的被解释变量为事件窗［-1，1］期间的累计超额收益率，旨在捕捉事件公告前后市场对公司房地产购置的即时反应，以确保能够反映事件对公司股东财富的直接影响。企业特征与交易特征的相关数据均来自CSMAR数据库，一共有27个企业特征变量、5个交易特征变量和17个市场环境特征变量。

表5-2　公司房地产购置影响因素与变量名称、定义对照

影响因素	变量名称	变量定义
公司规模	*size*	总资产的对数
行业差异	*industry_dummy*	行业虚拟变量，控制不同行业的固定效应
增长潜力	*tobinq*	托宾Q值，市场价值/资产重置成本的比率
	mb	市净率（Market-to-Book Ratio），市场价值/账面净资产
盈利能力	*roa*	资产回报率，净收入/总资产
	fcf	自由现金流，经营性现金流—资本性支出—净运营资本的变化
治理结构	*state*	虚拟变量，国有企业标记为1，非国有企业标记为0
	government share	国有股比例，国有股东持有的股份占总股本的比例
	corporate share	法人股比例，法人股东持有的股份占总股本的比例
	executive share	高级管理人员持有的公司股份占总股本的比例

续表

影响因素	变量名称	变量定义
治理结构	*duality*	虚拟变量，CEO 与董事长职位是否合一，合一标记为 1，分离标记为 0
	indep_dir	独立董事比例，独立董事在董事会成员中的比例，反映公司治理的独立性
	dividend ratio	股利分配率，公司支付的股利占净利润的比率，反映公司股东回报政策的有效性
负债水平	*debtrate*	资产负债率，总负债/总资产，反映公司的财务杠杆水平和财务风险
行业竞争	*hhi*	行业集中度，Herfindahl – Hirschman Index（HHI）
交易规模	*spending*	交易金额的对数
支付方式	*payment*	虚拟变量，现金支付标记为 1，非现金支付标记为 0
资金来源	*cap_source*	虚拟变量，自有资金标记为 1，其他标记为 0
关联交易	*related*	虚拟变量，关联交易标记为 1，非关联交易标记为 0
标的类型	*target_type*	虚拟变量，标的资产为房屋标记为 1，否则标记为 0
市场环境	*year_dummy*	年度虚拟变量，控制年度间的市场环境变化

5.3.2.2 研究方法

为了探究影响公司房地产购置财富效应的多重因素，并考虑到解释变量较多（共计 49 个）且可能存在非线性关系，本研究采用随机森林算法（Random Forest Algorithm）对变量重要性进行排序和筛选。随机森林算法是一种基于集成学习的机器学习方法，其核心思想是“Bagging”(Breiman, 2001)。它通过自助法（Bootstrap）从原始数据集中有放回地抽取多个样本，并为每个样本构建一个决策树。在构建决策树的过程中，随机森林算法还会随机选取部分特征进行节点分裂，从而提高决策树之间的差异性。所有决策树的预测结果将通过投票或平均的方式进行整合，得到最终的预测结果。这种集成学习的方式能够有效降低单个决策树的过拟合风险，提高模型的泛化能力，并且能够有效地处理高维数据、捕捉变量之间的复杂关系，对缺失值和异常值也具有较好的鲁棒性（Hastie et al., 2009）。相较于传统的线性模型，随机森林算法能够更好地识别对目标变量具有重要预测能力的变量，尤其是在变量间关系复杂的情况下。

随机森林算法中特征的重要性是通过计算该特征在所有决策树中对降低不纯度（impurity）的贡献来衡量的。具体而言，在进行预测时应计算每个决策树的误差（如均方误差）。然后，将该特征的取值随机打乱，重新计算该决策树的误差。如果该特征对预测目标变量很重要，那么打乱其取值后，模型的预测误差将会显著增加。因此，特征的重要性可以通过比较打乱前后模型误差的差值来衡量。最后，对所有决策树的重要性得分进行平均，得到该特征在整个随机森林模型中的重要性得分。

在筛选出重要变量后，进一步采用部分依赖图（Partial Dependence Plot，PDP）（Friedman，2001）来可视化分析这些变量对公司房地产购置财富效应的影响。PDP 是一种模型无关的可视化方法，它能够直观地展示单个自变量对因变量的边际效应，同时控制其他自变量的影响，从而揭示变量与目标变量之间可能存在的非线性关系及影响方向。具体而言，PDP 通过将其他自变量固定在不同的取值水平，并计算目标变量在该自变量不同取值下的平均预测值，来展示该自变量对目标变量的影响趋势。这种可视化分析方法有助于更深入地理解各个变量对公司房地产购置的财富效应，以及不同变量之间可能存在的交互作用。

5.3.2.3　实证结果

前文通过随机森林模型计算了各个变量对公司房地产购置财富效应的重要性分数。为了筛选出对模型预测贡献较大的变量，选择所有变量的重要性分数的平均值（2.00%）作为阈值。基于这一标准，*roa*（18.44%）、*size*（9.36%）、*spending*（8.87%）等显著高于平均重要性的变量被保留，而 *target_type*（1.91%）、*indep_dir*（1.61%）等低于阈值的变量则被认为对模型贡献较小。因此，本研究最终保留了对公司房地产购置财富效应预测效果贡献较大的 12 个核心变量，包括 *roa*、*size*、*senpding*、*hhi*、*debtrate*、*government share*、*tobinq*、*fcf*、*dividend ratio*、*mb*、*corporate share* 和 *year_2020*（见表 5-3），其中有 1 个交易特征、10 个企业特征和 1 个市场环境特征。

表5-3 公司房地产购置财富效应影响因素重要性排序 单位：%

编号	变量	重要性	编号	变量	重要性
1	*roa*	18.44	26	*year_2021*	0.40
2	*size*	9.36	27	*year_2008*	0.38
3	*spending*	8.87	28	*year_2010*	0.34
4	*hhi*	6.82	29	*year_2016*	0.29
5	*debtrate*	6.31	30	*industry_C*	0.28
6	*government share*	5.63	31	*year_2022*	0.27
7	*tobinq*	5.35	32	*industry_M*	0.26
8	*fcf*	5.35	33	*industry_F*	0.21
9	*dividend ratio*	5.08	34	*industry_I*	0.20
10	*mb*	4.60	35	*year_2012*	0.20
11	*corporate share*	4.30	36	*year_2019*	0.18
12	*year_2020*	3.99	37	*year_2017*	0.10
13	*target_type*	1.91	38	*year_2014*	0.09
14	*indep_dir*	1.61	39	*industry_G*	0.07
15	*year_2007*	1.42	40	*year_2009*	0.06
16	*year_2015*	1.31	41	*industry_R*	0.03
17	*related*	1.02	42	*industry_E*	0.02
18	*executive share*	0.92	43	*industry_D*	0.02
19	*industry_B*	0.80	44	*industry_L*	0.01
20	*year_2011*	0.71	45	*payment*	0.01
21	*cap_source*	0.63	46	*industry_N*	0.01
22	*duality*	0.62	47	*year_2004*	0.00
23	*year_2013*	0.58	48	*industry_J*	0.00
24	*year_2018*	0.55	49	*industry_H*	0.00
25	*state*	0.41	50	截距项	0.00

注：B表示采矿业；C表示制造业；D表示电力、热力、燃气及水生产和供应业；E表示建筑业；F表示交通运输、仓储和邮政业；G表示信息传输、软件和信息技术服务业；H表示批发和零售业；I表示住宿和餐饮业；J表示金融业；L表示租赁和商务服务业；M表示科学研究和技术服务业；N表示水利、环境和公共设施管理业；R表示文化、体育和娱乐业。

图5-2展示了基于随机森林模型的部分依赖图，示意了在其他变量取值平均化的前提下，某个特定变量对公司房地产购置财富效应的影响，有

助于理解变量的影响方向（正向或负向）以及可能的非线性关系。图 5－2 中，横轴表示变量的取值范围，纵轴表示对目标变量 *CAR* 的影响值。上升曲线表示随着变量取值的增加，*CAR* 增加；下降曲线则表示 *CAR* 减少；平坦曲线表示该变量对 *CAR* 影响较小或没有显著影响；非线性曲线表示该变量与 *CAR* 之间存在非线性关系。

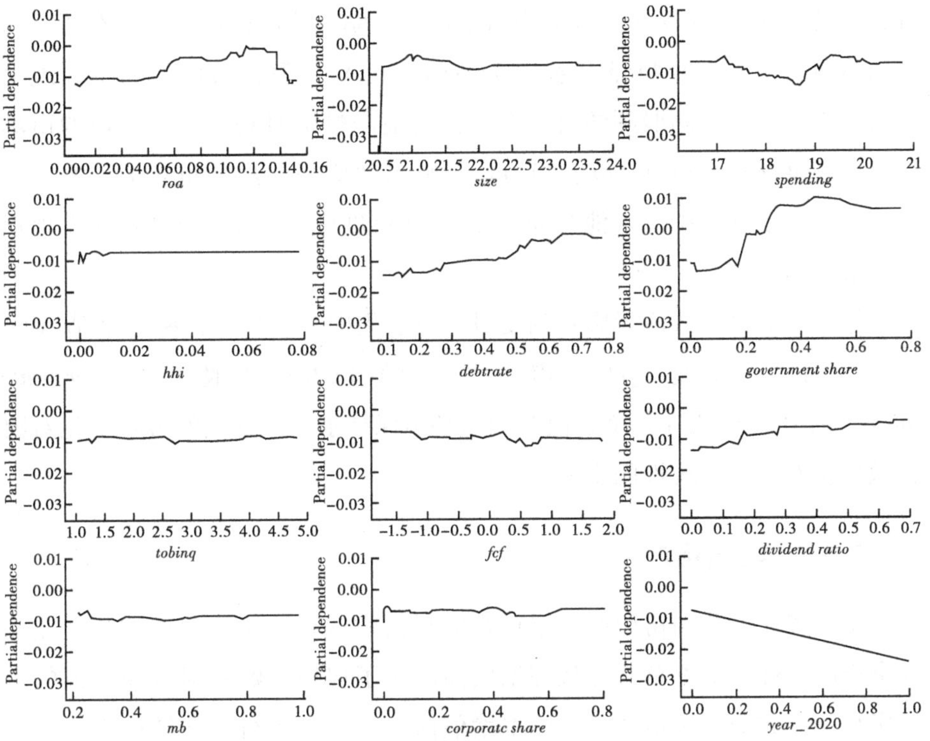

图 5－2　关键变量对公司房地产购置财富效应的影响

从图 5－2 中可以发现，不同变量对公司房地产购置财富效应的影响具有各自的特点和模式，可分为以下三类。

第一，对财富效应有非线性影响的变量。资产回报率（*roa*）与财富效应之间存在倒“U”形关系。资产回报率在从 0 上升至约 0.10 的区间内，其对 *CAR* 的边际效应由负转正并持续增强。然而，当资产回报率超过 0.12 后，其边际贡献急剧下降转为负值。交易规模（*spending*）与财富效应之间存在近似“U”形的非线性关系。公司规模（*size*）对财富效应的影响存在清晰的门槛效应。当公司规模较小时，其对财富效应的影响为负。

第二，与财富效应呈单调关系的变量。资产负债率（*debtrate*）与财富效应呈正相关关系。随着杠杆水平的提升，尤其是在0.3～0.6的区间内，对财富效应的边际贡献持续增加。国有股比例（*government share*）是财富效应的一个的正向驱动因素。其边际贡献随着持股比例的增加而系统性上升，尤其是在0.1～0.3的区间内斜率最为陡峭，此后积极效应虽有所减弱但依然较为明显。股利分配率（*dividend ratio*）与财富效应之间也表现出正向关系。支付更高股利的公司在进行房地产投资时获得了更积极的市场反应。年度虚拟变量（*year_ 2020*）与财富效应呈强烈的负相关关系。这表明，相较于样本中的其他时期，在2020年进行的房地产购置系统性地损害了股东财富。

第三，对财富效应无影响的变量。行业集中度（*hhi*）、托宾Q值（*tobinq*）、自由现金流（*fcf*）、市净率（*mb*）以及法人股比例（*corporate share*）的PDP曲线在整个取值范围内基本保持水平，它们的边际变化对财富效应没有产生系统性的影响。

5.4 本章小结

本章探讨了公司房地产购置行为的财富效应。鉴于房地产作为企业重要资产的特殊性，本章首先从理论层面剖析了房地产购置对企业价值的双重影响。一方面，房地产具备资本增值潜力，其购置行为能够产生协同效应，推动企业多元化发展，预示着积极的价值提升空间。另一方面，房地产流动性不足、机会成本高昂以及潜在的财务风险也不容忽视。

为量化市场对房地产购置行为的反应，本章采用事件研究法，选取中国A股市场744家企业、时间跨度长达21年的907起房地产购置事件作为研究样本进行实证分析。研究发现，市场对该类事件的短期反应呈现显著的负向效应，但长期效应并不显著，表明市场存在信息消化和理性回归的过程。

为进一步揭示企业房地产购置财富效应的深层驱动机制，本章构建了一个涵盖企业特征、交易特征及市场环境特征的多维分析框架，并运用随机森林算法识别关键影响因素。研究的核心发现如下：首先，资产回报率、交易规模、公司规模、资产负债率、国有股比例等指标对财富效应有重要影响。其次，部分关键变量与财富效应呈现非线性关系，如资产回报率、交易规模和公司规模；部分变量与公司房地产购置财富效应呈正相关关系，如资产负债率、国有股比例及股利分配率；宏观冲击如 2020 年的新冠疫情对公司房地产购置财富效应有着负向影响。

第 6 章

公司房地产剥离的财富效应研究

6.1 公司房地产剥离对企业价值的影响分析

6.1.1 公司房地产剥离对企业价值的积极影响

第一，揭示市场价值。公司房地产一般以历史成本或上一次的评估价值计入资产负债表，但由于成本较高，企业并不经常对其房地产价值进行评估。一般来说，公司房地产的账面价值与实际价值并不相同，而投资者只能通过资产负债表了解其账面价值，于是形成了信息不对称（Owers and Rogers，1986）。随着经济增长，房地产会带来资本增值，其真实价值高于账面价值。当剥离交易发生时，其真实价值被揭示，市场会做出积极调整。

第二，回归主业。企业通过剥离与主营业务无关的资产，整合资源，使主营业务的经营更有效率（John and Ofek，1995）。企业回归主业的同时，消除了所剥离的房地产与其他资产之间负的协同效应，提高了其他资产的运营效率，从而增加企业价值（Owers and Rogers，1986）。

第三，分享有效配置带来的财富增加。Hite 等（1987）提出，目标企业在出售资产时获得的股价反应，一部分来自该资产在买方企业中的有效配置。买方企业购置房地产，可能会获得规模效应、多元化经营等，从而增加企业价值。目标企业分享买方企业的价值增加也会实现股东财富增加。此外，研究证明，该价值的增加程度取决于目标企业和买方企业之间的联系程度，如行业是否相关等。

第四，税收获益。公司通过剥离已完全折旧的房地产，购入新的房地产，新的折旧能抵偿税收（Owers and Rogers，1986；Glascock et al.，1991；Ting，2006）。

6.1.2 公司房地产剥离对企业价值的消极影响

第一，传递财务困难信号。在经济衰退或市场不确定性较高的情况下，市场通常对房地产剥离持谨慎态度，可能将其视为公司财务困难的信号，进而对公司的股价产生负面影响。例如，在国际金融危机期间，剥离房地产的公司通常会遭遇负面的市场反应，显示出投资者对这种行为的不信任（Eng et al.，2015）。

第二，显著的税务负担。这些税务成本可能包括资本利得税和其他与资产剥离相关的税收，从而减少公司从剥离中获得的净收益，对公司价值产生不利影响（Maydew et al.，1999）。此外，剥离房地产还可能导致公司失去长期资产增值的潜力，特别是在房地产市场前景看好的情况下，这种损失可能会对公司长期价值产生负面影响（Liow and Ooi，2004）。

第三，管理和协调成本上升，尤其是在剥离资产与公司其他业务存在协同效应的情况下。资产剥离后，这些潜在的协同效应可能会消失，导致运营效率下降和成本上升（Wright and Ferris，1997）。市场对剥离动机的质疑也可能对公司产生不利影响，特别是在剥离时机不佳或与公司核心业务关系紧密的情况下，市场可能将其解读为公司对未来发展方向的不确定或财务健康状况的恶化（Wu et al.，2011）。

第四，损害公司形象和信誉。剥离重要资产，可能会损害公司在市场中的形象和信誉，特别是那些与公司品牌或形象密切相关的房地产。这种损害可能会进一步影响公司在其他业务领域的运营和市场地位，从而对企业的整体价值造成负面影响（Alexandrou and Sudarsanam，2001）。

第五，再投资风险。剥离所得资金如果未能成功地再投入其他高回报项目，可能会导致公司丧失再投资机会，或者面临投资失败的风险，从而影响股东价值（Nguyen et al.，2013）。

6.2 自愿剥离和非自愿剥离

按照是否符合企业意愿，资产剥离可分为自愿剥离和非自愿剥离。自愿剥离是指企业出于回归主业、改善财务结构等战略需要而进行的资产出售或分立；非自愿剥离是指企业在法律法规或政府政令的要求下进行的资产剥离。国外的研究表明，自愿剥离具有显著为正的财富效应（Bates，2005；Datta et al.，2003；Mulherin and Boone，2000），而非自愿剥离则会损害目标企业的股东财富（Boudreaux，1975；Ellert，1976；Gupta et al.，1991；Meznar et al.，1994）。

我国学者对自愿剥离的财富效应进行了大量研究，但无人对非自愿剥离的财富效应进行检验，这可能是因为在国外大量存在的非自愿剥离事件在我国并不多见。国外对非自愿剥离的研究主要包括两类：第一类是企业因违反反托拉斯法而被司法部和联邦贸易委员会要求出售某一部门（Boudreaux，1975；Ellert，1976）。第二类是特殊时期的事件。1986 年，美国众议院要求美国企业从南非撤出所有资产（Gupta et al.，1991；Meznar et al.，1994）。对于第一类事件，由于我国的反垄断法 2008 年 8 月 1 日才生效，法律的执行力度有待提高，因此我国企业因违反反垄断法而被政府强制性剥离资产的事件并不多见。第二类事件由于其特殊性，目前在我国并不存在。

学者们忽略了我国广泛存在的另一类由特殊的土地制度导致的非自愿剥离事件：在过去的 10 余年内，政府因公共利益、城市规划和旧城区改造以及土地储备制度实施等需要，在不符合企业意愿的情况下，通过收回、收购等方式剥离了大批的公司房地产。其中，土地储备制度的实施是大量公司房地产被强制剥离的主要原因。城市土地储备制度，是指城市政府依法运用市场机制，通过征用、收购、置换和回收等方式将土地使用权集中起来，并按照土地利用总体规划和城市规划，对土地进行前期开发、整理与储备，以保障或调控城市建设用地需求的城市土地管理制度和运行机制。2001 年 4 月 30 日，国务院颁布了《关于加强国有土地资产管理的通知》，标志着土地储备工作在全国迅速展开。

本章将以我国 A 股企业的公司房地产剥离事件为样本，比较研究我国企业自愿剥离和非自愿剥离的财富效应，有助于企业更清楚地认识股票市场对其主动决策和被动决策的反应，进而引导企业制定更加合理的公司房地产战略。同时，对非自愿的公司房地产剥离的财富效应进行研究，也是从微观的角度检验土地储备制度对企业的影响。政府实施土地储备制度是为了控制土地市场的供给，进而达到调控商品房市场的目的。目前，政府、业界以及学术界的关注焦点都在于土地储备制度的宏观影响。本书从企业的角度研究土地储备制度的微观影响，为政府从多层面评估其决策提供了依据。

6.3 样本选择

本书从 CSMAR 数据库中提取出 2002 年至 2023 年 5 月沪深两市 A 股企业的资产重组信息，从中筛选出公司房地产剥离事件，最终得到 496 家企业累计 625 起房地产剥离事件。这些事件符合以下条件：①都是成功交易；②在该房地产交易公布的前后 20 日内，没有其他资产重组信息公布；③交易金额超过 1000 万元；④不包括房地产开发与经营类上市企业的房地产交易；⑤若同一次公告披露两起或两起以上的房地产交易事件，视为一起交易；⑥若数据库所记录的首次公告时间与证券交易所的首次公告时间不一致，以交易所的公告时间为准；⑦在 CSMAR 数据库或色诺芬数据库中能查询到其股票日收益率及所有的财务数据。如果企业的房地产是政府出于城市建设、规划调整或土地储备的需要而征收或拆迁，本书将其定义为非自愿的公司房地产剥离。本书最终得到 97 起非自愿房地产剥离事件，以及 528 起自愿房地产剥离事件。

表 6 - 1 展示了样本期间公司房地产剥离事件的年度分布情况，从中可以观察到以下趋势和特点：第一，房地产剥离事件数量总体呈上升趋势，特别是 2007 年以后，事件数量明显增多，并在 2019 年达到峰值（51 起）。这可能与我国房地产市场在过去 20 年的快速发展以及近年来的宏观经济环境和政策调整有关。2020 年后，事件数量有所回落，这可能与新冠疫情带来的经济不确定性有关。第二，自愿剥离始终占据主导地位，远超非自愿剥离。这表明，多数公司是出于主动战略调整的目的进行房地产剥离，而非迫于外部压力。非自愿剥离事件的数量波动较大，在某些年份出现峰值，如 2012 年、2013 年和 2022 年。

表 6-1　2003—2023 年公司房地产剥离事件　　单位：起

年份	非自愿剥离	自愿剥离	总计
2003	1	16	17
2004	1	16	17
2005	1	20	21
2006	0	16	16
2007	3	23	26
2008	5	31	36
2009	6	25	31
2010	2	24	26
2011	3	18	21
2012	9	28	37
2013	11	30	41
2014	8	28	36
2015	4	26	30
2016	3	36	39
2017	7	33	40
2018	6	38	44
2019	6	45	51
2020	7	33	40
2021	2	19	21
2022	11	17	28
2023	1	6	7
总计	97	528	625

6.4　实证分析

6.4.1　公司房地产剥离的财富效应检验

与 5.2.2 节使用的方法一致，本章采用事件研究法来检验公司房地产剥离的财富效应，“事件”定义为公司房地产剥离的首次公告。

表 6-2 展示了公司房地产剥离事件在不同时间窗口下的累计超额收益率。结果显示，长期来看（[-10，10] 窗口），市场对房地产剥离事件反应积极，产生了显著的正向 *CAR*。然而，短期内（[-5，5]、[-3，3] 和

[-1，1] 窗口)，市场反应呈现负向趋势，且在 [-3，3] 窗口上达到显著水平。这一现象表明，市场对公司房地产剥离事件的解读存在时间滞后性。初期，市场可能受信息不对称或短期风险评估的影响，产生负面反应。但随着时间的推移，市场逐渐消化了相关信息，并认识到剥离行为带来的长期效益，最终导致市场反应由负转正。

表6-2 不同事件窗上的公司房地产剥离累计超额收益率

事件窗	平均 *CAR*/%	*t* 值	*p* 值
[-10，10]	0.34	2.631	0.004
[-5，5]	-0.13	-1.469	0.009
[-3，3]	-0.29	-3.365	0.001
[-1，1]	-0.06	-1.213	0.225
[0，0]	-0.04	1.422	0.155

表6-3的分析结果显示，市场对公司房地产剥离事件的评价并非一成不变，而是呈现出“短期情绪化、长期理性化”的特征，并针对不同剥离类型表现出差异化的反应模式。

表6-3 非自愿剥离和自愿剥离的财富效应比较

交易类型	事件窗	平均 *CAR*/%	*t* 值	*p* 值
非自愿剥离	[0，0]	0.41	4.187	0.000
非自愿剥离	[-1，1]	0.45	2.593	0.010
非自愿剥离	[-3，3]	-0.80	-3.047	0.002
非自愿剥离	[-5，5]	-0.89	-3.819	0.000
非自愿剥离	[-10，10]	-0.87	-2.822	0.005
自愿剥离	[0，0]	-0.03	-0.993	0.321
自愿剥离	[-1，1]	-0.16	-3.007	0.003
自愿剥离	[-3，3]	-0.19	-2.115	0.034
自愿剥离	[-5，5]	0.01	0.080	0.936
自愿剥离	[-10，10]	0.57	3.956	0.000

具体来说，当公司遭遇土地收储等非自愿剥离事件时，事件当天 *CAR* 显著为正。这可能是因为中国市场背景下土地资源的稀缺性和政府征地补偿的“溢价”特征，投资者更倾向于将土地收储视为公司获得额外收益的

机遇，从而推动短期股价上涨。然而，这种基于短期收益预期的市场乐观情绪并不能持久。长期窗口（[-5，5]，[-10，10]）的平均 *CAR* 转为负值，并达到显著水平，反映出投资者对土地收储带来的长期影响的担忧。一方面，被收储土地往往是公司重要的运营资产，失去土地使用权可能会对公司未来发展造成制约；另一方面，政府补偿款的到位时间和使用效率也存在不确定性，公司能否有效利用这笔资金实现转型发展存在疑问。与之形成对比的是，自愿剥离事件在事件当天及短期窗口内的平均 *CAR* 并不显著，表明市场反应较为平淡。然而，长期窗口（[-10，10]）的平均 *CAR* 显著为正，说明市场最终认可了这类战略举措带来的长期价值。

上述差异化的市场反应表明，投资者对房地产剥离事件的评价并非简单地基于资产处置行为本身，而是会结合剥离类型、公司动机、未来战略等多重因素进行综合判断。对于企业而言，主动进行战略性资产剥离，并向市场传递清晰的转型信号，有利于长期获得投资者的信任，最终实现公司价值的提升。

6.4.2　公司房地产剥离财富效应的影响因素检验

6.4.2.1　短期财富效应的影响因素检验

本章用窗口 [-1，1] 上的累计超额收益率衡量公司房地产剥离的短期财富效应，因为该指标能够有效捕捉市场对剥离事件的即时反应，并减少外部因素的干扰。同时，考虑到企业特征、交易特征和市场环境特征对公司决策和市场反应的影响，本章将表 5-2 中所列出的因素作为解释变量来分析短期财富效应，从而更全面地理解不同因素对剥离事件财富效应的驱动作用。

本章采用随机森林算法来筛选影响公司房地产自愿剥离和非自愿剥离（政府收储）短期财富效应的关键因素。随机森林算法通过生成多个决策树，并对各决策树的输出值进行平均，以提高模型的预测精度和稳健性。本章依据特征的重要性指标来筛选影响因素，并使用特征的重要性均值作为筛选阈值。基于此方法，本章在自愿剥离情境下筛选出 13 个重要因素，在非自愿剥离情境下筛选出 12 个重要因素。

对于自愿剥离，筛选出的13个重要因素主要集中在公司财务状况以及与内部决策相关的指标上。例如，自由现金流（*fcf*）在自愿剥离中表现出显著的影响力（24.55%），表明公司拥有充足的自由现金流，能够显著提高短期财富效应。此外，资产负债率（*debtrate*）和法人股比例（*corporate share*）等指标也被筛选为重要因素，反映出公司财务健康状况和内部决策在自愿进行资产剥离时对短期财富效应的重要影响。

相较之下，非自愿剥离的12个重要因素则更偏向于外部治理结构和行业属性的指标。例如，独立董事比例（*indep_dir*）和行业属性（*ind_D*）在非自愿剥离中表现出较高的重要性，分别为18.59%和18.31%。这些因素表明，当公司被政府强制收储时，外部治理和行业属性对短期财富效应的影响更加显著。此外，自由现金流与资产负债率等财务指标在自愿剥离和非自愿剥离两种情境下均表现出重要性，表明公司财务健康状况在影响短期财富效应方面具有普遍的作用。

总体而言，自愿剥离主要受到内部财务状况和运营策略的驱动，而非自愿剥离更多依赖于外部治理结构和行业特性。这种差异反映了不同类型剥离在影响公司短期财富效应时所依赖的机制有所不同。自愿剥离更侧重公司内部的决策执行，而非自愿剥离受外部环境和政府干预的影响显著。

表6-4　自愿剥离和非自愿剥离短期财富效应的影响因素重要性排序　单位：%

编号	自愿剥离		非自愿剥离	
	特征	重要性	重要性	重要性
1	*fcf*	24.55	*indep_dir*	18.59
2	*debtrate*	8.50	*ind_D*	18.31
3	*spending*	8.32	*fcf*	12.05
4	*corporate share*	6.82	*hhi*	6.79
5	*hhi*	6.60	*debtrate*	6.72
6	*mb*	6.53	*dividend ratio*	5.82
7	*roa*	5.93	*roa*	4.91
8	*size*	5.89	*spending*	4.17
9	*tobinq*	5.69	*government share*	4.10

续表

编号	自愿剥离		非自愿剥离	
	特征	重要性	重要性	重要性
10	*dividend ratio*	3.82	*size*	3.78
11	*indep_dir*	2.08	*tobinq*	2.96
12	*state*	2.07	*mb*	2.96
13	*year_2020*	2.03	*ind_G*	1.54
14	*year_2009*	1.25	*year_2012*	1.06
15	*government share*	1.06	*ind_C*	0.89
16	*year_2012*	0.92	*corporate share*	0.79
17	*duality*	0.74	*year_2017*	0.66
18	*year_2018*	0.74	*year_2008*	0.64
19	*related*	0.72	*state*	0.58
20	*year_2013*	0.57	*executive share*	0.39
21	*ind_C*	0.52	*year_2009*	0.31
22	*year_2010*	0.51	*year_2010*	0.30
23	*year_2022*	0.49	*year_2013*	0.28
24	*ind_F*	0.46	*ind_I*	0.24
25	*executive share*	0.43	*target_type*	0.23
26	*target_type*	0.42	*year_2022*	0.20
27	*ind_E*	0.41	*year_2007*	0.19
28	*year_2014*	0.28	*ind_B*	0.16
29	*year_2021*	0.21	*year_2014*	0.16
30	*year_2017*	0.20	*ind_E*	0.06
31	*ind_S*	0.19	*related*	0.05
32	*year_2011*	0.17	*year_2018*	0.05
33	*ind_I*	0.17	*ind_F*	0.03
34	*year_2019*	0.13	*year_2020*	0.03
35	*year_2016*	0.12	*duality*	0.02
36	*year_2008*	0.09	*year_2019*	0.00
37	*ind_D*	0.07	*year_2015*	0.00
38	*ind_A*	0.07	*year_2021*	0.00
39	*year_2015*	0.07	*cap_source*	0.00
40	*ind_G*	0.07	*payment*	0.00

续表

编号	自愿剥离		非自愿剥离	
	特征	重要性	重要性	重要性
41	*ind_B*	0.03	*ind_A*	0.00
42	*year_2007*	0.02	*year_2016*	0.00
43	*ind_R*	0.02	*ind_N*	0.00
44	*cap_source*	0.00	*ind_J*	0.00
45	*payment*	0.00	*ind_L*	0.00
46	*ind_P*	0.00	*ind_M*	0.00
47	*ind_N*	0.00	*year_2011*	0.00
48	*ind_M*	0.00	*ind_R*	0.00
49	*ind_L*	0.00	*ind_S*	0.00
50	*ind_J*	0.00	*ind_P*	0.00

注：A 表示农、林、牧、渔业；B 表示采矿业；C 表示制造业；D 表示电力、热力、燃气及水生产和供应业；E 表示建筑业；F 表示交通运输、仓储和邮政业；G 表示信息传输、软件和信息技术服务业；I 表示住宿和餐饮业；J 表示金融业；L 表示租赁和商务服务业；M 表示科学研究和技术服务业；N 表示水利、环境和公共设施管理业；P 表示教育；R 表示文化、体育和娱乐业；S 表示公共管理、社会保障和社会组织。下同。

图6-1揭示了影响自愿剥离短期财富效应的关键因素，可将其分为三类。

首先，部分核心变量与自愿剥离的短期财富效应呈非线性关系。其中，自由现金流（*fcf*）的影响最为突出，具体表现为在现金流为负时能带来极高的短期财富效应，而转正后该效应则急剧减弱；法人股比例（*corporate share*）与短期财富效应存在倒“U”形关系。

其次，部分变量表现出单调影响。如交易规模（*spending*）与短期财富效应呈正相关关系，表明市场偏好具有重大战略意义的大规模剥离。相反，资产负债率（*debtrate*）则与短期财富效应呈负相关关系，反映了市场对高负债企业剥离行为的担忧。同样具有负向单调影响的还有年度虚拟变量（*year_2020*），其清晰地量化了宏观经济冲击所带来的普遍性抑制作用。

最后，部分变量对自愿剥离的短期财富效应无明显影响。包括行业集中度（*hhi*）、市净率（*mb*）、资产回报率（*roa*）、公司规模（*size*）、托宾

Q 值（*tobinq*）、股利分配率（*dividend ratio*）、国有企业性质（*state*）在内的多个因素，其影响曲线近似平坦直线。

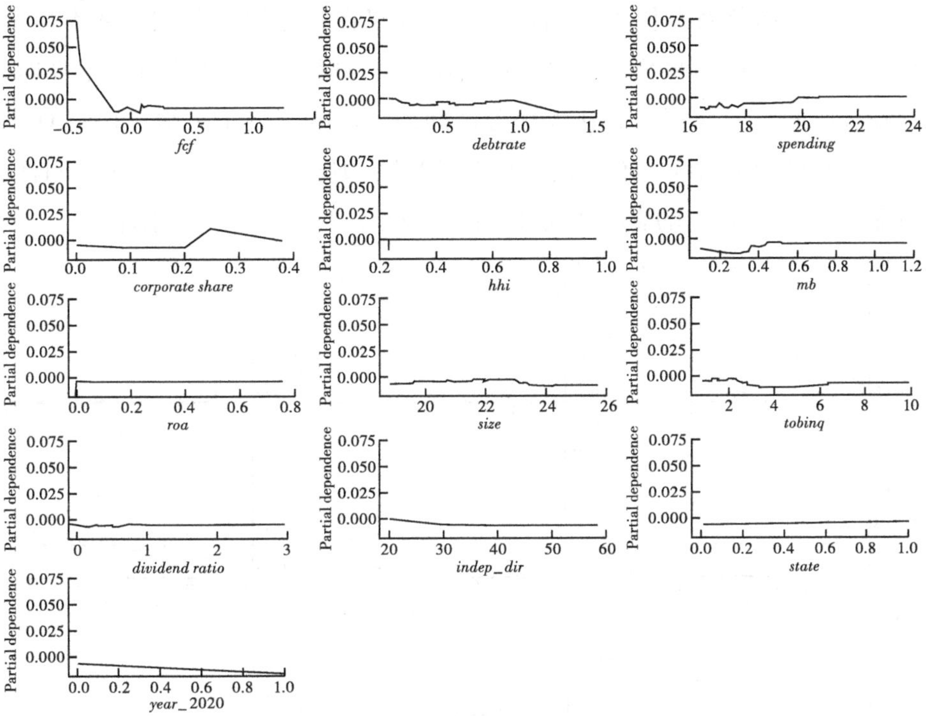

图 6－1　自愿剥离短期财富效应影响因素的部分依赖图

图 6－2 展示了非自愿剥离短期财富效应的影响因素，主要发现如下。

第一，部分核心变量与非自愿剥离的短期财富效应呈复杂的非线性关系。其中，独立董事比例（*indep_dir*）的影响最为突出，其与短期财富效应存在“U”形关系。自由现金流（*fcf*）表现出负向门槛效应，即现金流充裕公司的被动剥离会引发负面市场反应。此外，资产负债率（*debtrate*）、股利分配率（*dividend ratio*）和交易规模（*spending*）也均呈现出非线性特征，表明它们的影响并非越多越好，而是存在一个市场认可的最优区间。

第二，部分变量与短期财富效应之间存在着方向明确且稳定的单调关系。如行业属性（*ind_D*）与短期财富效应呈线性正相关关系，表明这类受高度监管行业的房地产剥离被市场普遍视为积极的政策协同行为。相反，国有股比例（*government share*）和公司规模（*size*）则呈清晰的单调递减趋势。同时，市净率（*mb*）的单调递增关系说明，市场更相信高成长性公司的再投资能力，即便面临被动剥离也能更好地创造新价值。

第三，部分因素作用力相对微弱，或仅在特定取值范围内才有所表现。例如，资产回报率（*roa*）的影响主要表现为：当其数值非常低时，存在轻微的负向作用；而在大部分区间内，影响则趋于平缓。托宾 Q 值（*tobinq*）的影响曲线虽有波动，但其整体的边际贡献幅度非常小。同样，行业集中度（*hhi*）的影响曲线波动范围极小，几乎可以忽略不计。

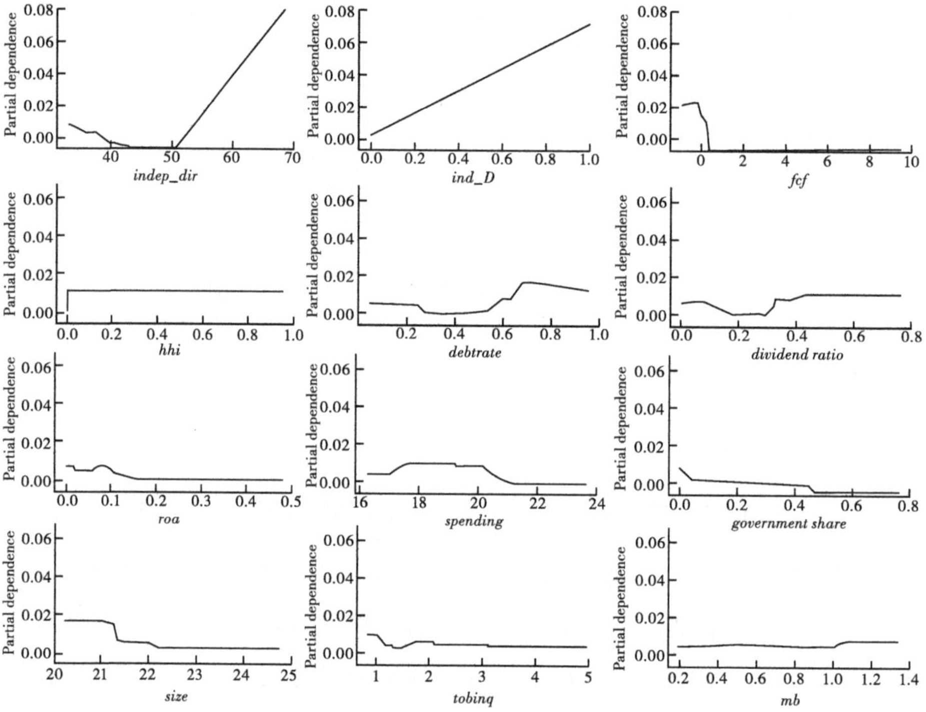

图 6－2　非自愿剥离短期财富效应影响因素的部分依赖图

对比图 6－1 和图 6－2 的部分依赖图，可以发现，自愿剥离和非自愿剥离在短期财富效应的影响机制上有明显的差异。自愿剥离主要依赖公司内部的财务特征和市场对公司治理能力的信任，如自由现金流，这些因素在自愿剥离中发挥了关键作用。而非自愿剥离更多依赖外部治理结构和特定行业背景，尤其是独立董事比例和行业属性，这些因素在公司面对政府强制性剥离时，对增强市场信心至关重要。

6.4.2.2　长期财富效应的影响因素检验

本章用窗口［-10，10］上的累计超额收益率衡量公司房地产剥离的长期财富效应，同样以表5-2中所列出的因素作为解释变量来分析公司房地产剥离的长期财富效应。本章依据特征的重要性指标来筛选影响因素，并使用特征的重要性均值作为筛选阈值。基于此方法，本章在自愿剥离情境下筛选出了12个重要因素，在非自愿剥离情境下筛选出了13个重要因素（见表6-5）。从表6-5中有以下发现：

第一，在自愿剥离中，长期财富效应的主要影响因素集中在公司内部的财务健康和股东结构上。自由现金流（*fcf*）是最重要的因素，表明市场对充裕的现金流持有积极预期，认为公司能够更好地利用剥离后的资金进行经营或保持财务稳定。法人股比例（*corporate share*）和国有股比例（*government share*）紧随其后，显示出股权集中度和政府参与对公司长期价值的重要影响。此外，交易规模、公司规模、行业集中度和资产回报率也在长期财富效应中扮演了关键角色，反映出市场对公司内部运营效率和竞争地位的重视。

第二，在非自愿剥离中，市场对长期财富效应的关注点更侧重于公司的盈利能力和外部环境的影响。资产回报率（*roa*）是最重要的因素，表明市场在非自愿剥离情境下高度关注公司的运营效率和盈利能力。年度虚拟变量（*year_2008*）的重要性反映了特定市场环境（如国际金融危机）对公司长期价值的深远影响，同时，独立董事比例（*indep_dir*）的高重要性显示出良好的公司治理在公司面对政府强制性剥离时对增强市场信心的重要性。此外，资产负债率（*debtrate*）和电力、热力、燃气及水生产和供应业的比例（*ind_D*）也显著影响了长期财富效应，表明市场在此类情境下更关注公司能否在外部干预下维持长期稳定发展。

总体而言，自愿剥离和非自愿剥离长期财富效应的影响因素展示了市场在不同情境下的不同预期。在自愿剥离中，市场更关注公司内部因素，如财务健康和股东结构，而在非自愿剥离中，外部环境、公司治理和盈利能力成为市场关注的焦点。虽然两者都强调了财务状况的重要性，但在非自愿剥离中，市场更为重视公司的运营效率和治理质量，这可能是因为在强制性剥离的背景下，市场更关注公司能否在外部压力下保持长期稳定性和增长潜力。

表 6-5　自愿剥离和非自愿剥离长期财富效应的影响因素重要性排序　单位：%

编号	自愿剥离		非自愿剥离	
	特征	重要性	特征	重要性
1	*fcf*	15.02	*roa*	14.24
2	*corporate share*	9.00	*year_2008*	12.68
3	*government share*	8.37	*indep_dir*	11.39
4	*spending*	8.01	*debtrate*	8.81
5	*size*	7.61	*mb*	8.13
6	*hhi*	7.22	*ind_D*	6.85
7	*roa*	6.57	*spending*	5.56
8	*dividend ratio*	6.37	*tobinq*	5.44
9	*debtrate*	6.14	*year_2013*	4.50
10	*tobinq*	4.80	*fcf*	4.06
11	*mb*	3.45	*hhi*	3.60
12	*indep_dir*	3.04	*dividend ratio*	3.46
13	*ind_B*	1.62	*size*	3.18
14	*year_2020*	1.57	*corporate share*	1.31
15	*year_2021*	1.01	*government share*	1.22
16	*year_2010*	0.99	*ind_C*	1.03
17	*year_2017*	0.92	*year_2017*	0.89
18	*ind_C*	0.78	*target_type*	0.47
19	*target_type*	0.72	*year_2009*	0.45
20	*year_2007*	0.63	*state*	0.41
21	*ind_F*	0.61	*year_2012*	0.39
22	*duality*	0.60	*ind_G*	0.39
23	*related*	0.58	*ind_E*	0.31
24	*year_2019*	0.51	*executive share*	0.29
25	*executive share*	0.50	*year_2022*	0.25
26	*state*	0.42	*ind_I*	0.23
27	*year_2012*	0.36	*year_2007*	0.12

续表

编号	自愿剥离		非自愿剥离	
	特征	重要性	特征	重要性
28	*ind_A*	0.35	*year_2018*	0.06
29	*year_2011*	0.32	*ind_B*	0.06
30	*year_2014*	0.26	*related*	0.06
31	*year_2013*	0.25	*year_2019*	0.05
32	*ind_I*	0.25	*year_2010*	0.05
33	*year_2016*	0.24	*duality*	0.03
34	*year_2018*	0.18	*year_2020*	0.02
35	*year_2015*	0.15	*ind_F*	0.00
36	*year_2022*	0.14	*year_2014*	0.00
37	*ind_E*	0.13	*ind_A*	0.00
38	*ind_G*	0.09	*year_2021*	0.00
39	*year_2008*	0.09	*year_2016*	0.00
40	*year_2009*	0.07	*year_2015*	0.00
41	*ind_R*	0.03	*ind_M*	0.00
42	*ind_D*	0.03	*ind_N*	0.00
43	*ind_S*	0.01	*year_2011*	0.00
44	*ind_P*	0.00	*ind_J*	0.00
45	*ind_N*	0.00	*payment*	0.00
46	*ind_M*	0.00	*ind_L*	0.00
47	*ind_L*	0.00	*ind_S*	0.00
48	*ind_J*	0.00	*ind_R*	0.00
49	*payment*	0.00	*ind_P*	0.00
50	*cap_source*	0.00	*cap_source*	0.00

图6-3展示了影响自愿剥离长期财富效应的关键因素，可将其分为三类。

第一，具有非线性与门槛效应的影响因素。其中，公司规模（*size*）和市净率（*mb*）均呈现出正向门槛效应，即当规模或市场认可度跨越一个关键临界点后，其对长期财富效应的积极影响便会发生阶梯式的跃升。同样重要的，资产回报率（*roa*）与长期财富效应存在"V"形关系，资产负债率（*debtrate*）则与长期财富效应存在“U”形关系。

第二，方向明确的单调趋势影响因素。独立董事比例（*indep_dir*）对长期财富效应的影响是单调递增的，而交易规模（*spending*）的影响则是单调递减的。这是一个与短期效应截然不同的重要发现，它有力表明，虽然大规模剥离在短期内能吸引眼球，但从长期视角看，市场担忧过于庞大的资产出售可能会损害公司的核心竞争力或导致整合困难，从而对长期价值产生负面影响。

第三，影响微弱或仅在局部区间呈现影响的变量。法人股比例（*corporate share*）、国有股比例（*government share*）、行业集中度（*hhi*）以及股利分配率（*dividend ratio*）的影响曲线都相对平缓，仅在局部区间有微小波动。自由现金流（*fcf*）和托宾 Q 值（*tobinq*）的影响也主要局限在其数值处于极低水平时。

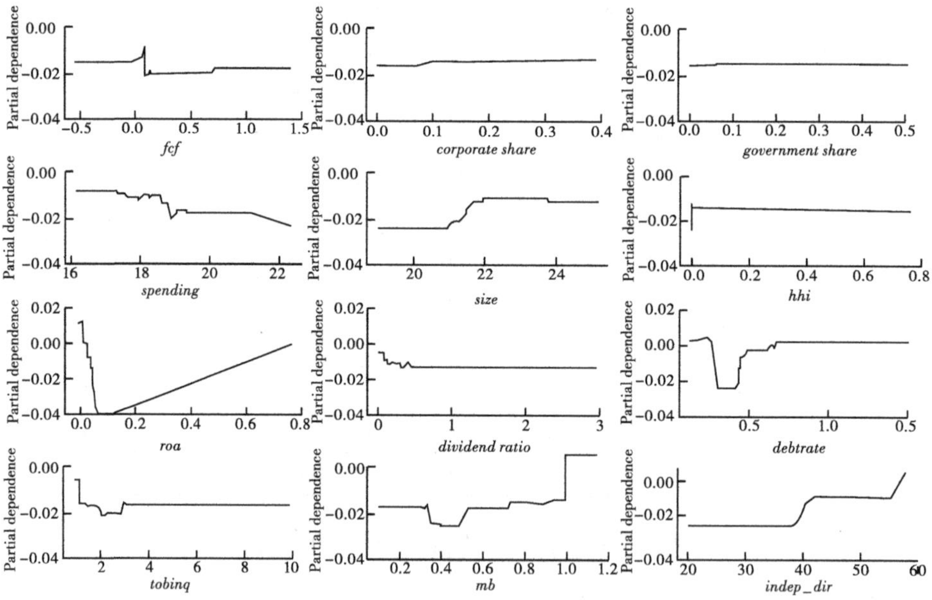

图 6－3　自愿剥离长期财富效应影响因素的部分依赖图

图 6－4 展示了影响非自愿剥离长期财富效应的关键因素，可将其分为三类。

第一，具有非线性与门槛效应的影响因素。如资产回报率（*roa*）与长期财富效应存在“V”形关系。资产负债率（*debtrate*）的影响则表现出“U”形特征。市净率（*mb*）表现为正向门槛效应，只有当市净率跨越 1.0 这一关键临界点后，其积极影响才会发生阶梯式跃升。

第二，方向明确的单调趋势影响因素。如年度虚拟变量（*year_2008*）与长期财富效应呈强烈的线性正相关关系。独立董事比例（*indep_dir*）、行业属性（*ind_D*）对长期财富效应的影响是单调递增的。相反，交易规模（*spending*）和托宾 Q 值（*tobinq*）则对长期财富效应的影响是单调递减的。

第三，影响微弱或仅在局部区间呈现影响的变量。自由现金流（*fcf*）、行业集中度（*hhi*）、股利分配率（*dividend ratio*）和公司规模（*size*）对长期财富效应的影响均近似一条直线。

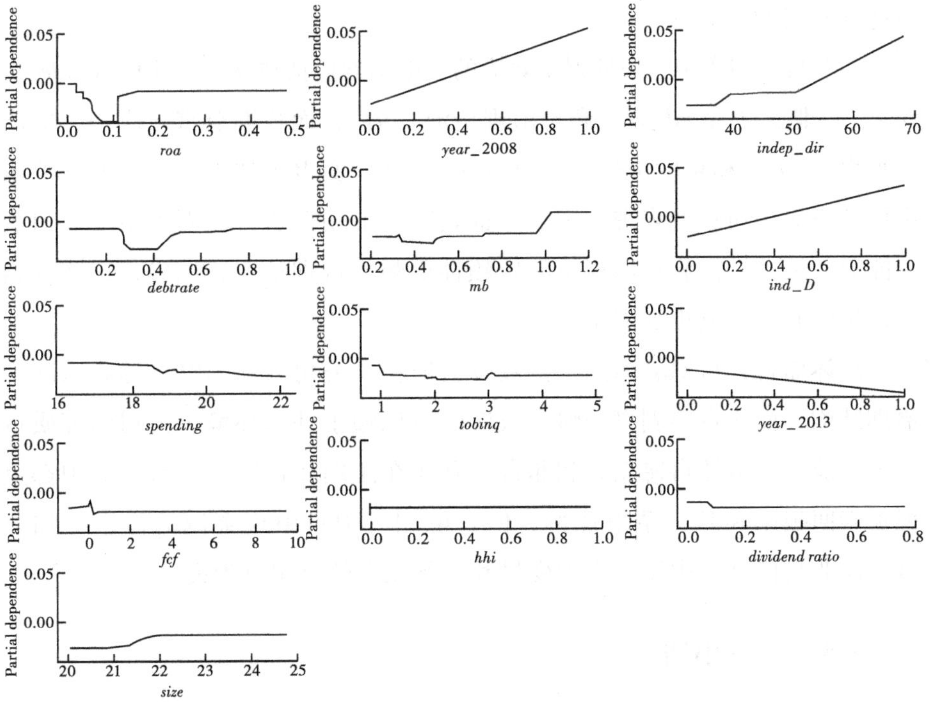

图 6－4　非自愿剥离长期财富效应影响因素的部分依赖图

对比图 6－3 与图 6－4 可以发现，决定房地产自愿剥离和非自愿剥离长期财富效应的关键因素存在一定差异，这反映出市场在评估长期价值时，其核心逻辑已从审视战略增长潜力转向评估危机应对韧性。在自愿剥离的背景下，市场的长期判断依赖于对企业内生增长质量和核心竞争力的评估；而在非自愿剥离的情境下，市场的关注焦点则在一定程度上转向外部宏观环境和内部治理。

在比较表6－4和表6－5后，可以发现，自愿剥离和非自愿剥离的短期财富效应与长期财富效应的影响因素存在明显差异。在自愿剥离中，短期财富效应主要受自由现金流（*fcf*）和资产负债率（*debtrate*）等内部财务因素的影响；而在长期财富效应中，尽管自由现金流仍然重要，但其影响有所减弱，法人股比例（*corporate share*）和国有股比例（*government share*）等因素变得更加重要。这表明，市场在短期内更加关注公司是否有足够的现金流和规模来支持剥离，而在长期内则更重视公司治理和股东结构对公司持续发展的影响。

在非自愿剥离中，短期财富效应的关键因素包括独立董事比例（*indep_dir*）、行业属性（*ind_D*）和自由现金流（*fcf*），而长期财富效应中，资产回报率（*roa*）和年度虚拟变量（*year_2008*）变得更加重要，反映了特定市场环境对公司长期表现的影响。这表明，市场在非自愿剥离中对公司盈利能力、治理结构和外部环境的依赖性更强，特别是在长期内，这些因素对市场信心的影响更加突出。

总体而言，自愿剥离的财富效应更依赖于公司内部的财务健康状况和治理结构，而非自愿剥离的财富效应则更依赖于外部环境、公司治理质量和盈利能力。虽然自愿剥离和非自愿剥离在短期和长期的财富效应中都重视资产回报率和独立董事比例，但自愿剥离中自由现金流的作用更加显著，而非自愿剥离中年度虚拟变量和外部压力的影响更为突出。

6.5 本章小结

本章以公司房地产剥离事件为研究对象，深入探讨了自愿剥离和非自愿剥离（政府收储）两种情境下的财富效应差异及其影响因素。

研究发现，市场对房地产剥离的反应并非一成不变，短期内表现出“情绪化”的特征，而长期来看更为“理性化”。具体而言，短期内，非自愿剥离事件当天引发了显著的正向市场反应，可能是由于投资者对政府补偿或资产重估的预期。然而，这种短期乐观情绪很快消退，中期财富效应和长期财富效应显著为负，表明市场最终认识到这类事件对公司长期价值的损害。与之形成对比的是，自愿剥离在短期内没有引起显著的市场反应，但长期效应显著为正，说明市场最终认可了这类战略举措带来的长期价值，如聚焦核心业务、优化资源配置等。

为了深入理解不同剥离类型背后的影响机制，本章运用随机森林算法筛选出影响短期财富效应和长期财富效应的重要因素，并利用部分依赖图分析其影响路径。

从影响因素的重要性来看，自愿剥离的短期财富效应主要受公司内部财务状况的影响，如自由现金流、资产负债率等。长期来看，市场更关注公司内部的财务健康和股东结构，如自由现金流、法人股比例和国有股比例。这表明，市场在短期内更加关注公司是否有足够的现金流和规模来支持剥离，而在长期内则更重视公司治理和股东结构对公司持续发展的影响。与自愿剥离不同，非自愿剥离的短期财富效应更多受到外部治理结构和行业属性的影响。独立董事比例高、来自特定行业的公司更容易在短期内获得市场的积极评价，这可能与投资者对公司治理水平和行业抗风险能力的信心有关。长期来看，影响非自愿剥离财富效应的因素包括公司盈利能力、外部环境以及公司治理水平。

本章的研究结果表明，企业在进行房地产剥离决策时，需要充分考虑剥离类型、市场预期和长期战略目标。对于自愿剥离，企业应着重提升内部财务健康状况，优化股权结构，并向市场传递清晰的战略转型信号，以获得长期价值提升。而对于非自愿剥离，企业应着重提升公司治理水平，增强盈利能力，以减轻外部冲击带来的负面影响。此外，政府在制定土地收储政策时，也需要充分考虑对企业造成的长期影响，避免因短期利益而损害企业价值和市场活力。

第 7 章

公司房地产持有率对企业业绩的非线性影响研究

在过去的数十年中，众多学者对公司房地产与企业业绩的关系进行实证研究，得到了三种不同的结论。一是公司房地产对企业业绩无显著影响。如 Cheong 和 Kim（1997）、Seiler 等（2001）及 Du 和 Ma（2012）分别采用韩国、美国和中国企业在 1987—1991 年、1985—1994 年和 2003—2008 年的数据进行研究，均发现公司房地产持有率对股票的投资收益没有显著影响。二是公司房地产会提升企业业绩。Brounen 等（2005）、Yu 和 Liow（2009）分别以 1993—2002 年和 2001—2006 年国际零售企业的数据为样本进行研究，发现公司房地产持有率的上升会增加企业的股票超额收益。Tuzel（2010）对 1969—2003 年的美国企业数据进行研究，也得到了相同的结论。Liow（2001）认为原因在于房地产能给企业带来增长机会。三是公司房地产会降低企业业绩。Deng 和 Gyourko（2000）以美国企业 1984—1993 年的数据为样本，Liow（2004）以新加坡企业 1997—2001 年的数据为样本，Du 等（2007）以美国企业 1998 年和 2002 年的数据为样本，以及 Dong 等（2011）以中国上市企业 2003—2007 年的数据为样本进行研究，均发现公司房地产持有率与企业股票超额收益显著负相关。同时，Liow 和 Ooi（2004）利用经济增加值和市场增加值来衡量企业的市场价值，研究发现，新加坡企业的高房地产持有率会降低企业价值。Linneman（1998）认为原因在于非房地产企业将其资本投入非主营业务，业务不集中造成了对企业价值的损害。

基于现有文献的发现，可以看出学术界对公司房地产持有率与企业业绩之间的关系尚未达成共识，已有研究结果呈现出无关、正相关与负相关三种不同的结论。这种结论差异可能部分源于研究的数据来源和分析方法不同，但也引发了一个值得深入探讨的问题：公司房地产持有率与企业业绩之间是否存在非线性关系？换言之，不同的房地产持有率可能对企业业绩产生不同的边际效应。一些企业的房地产持有率可能低于其最优水平，因此增加房地产持有率会提升业绩；另一些企业的房地产持有率可能已经超过最优水平，进一步的房地产投资反而可能拖累业绩表现。本章将探讨公司房地产持有率与企业业绩的非线性关系，填补现有文献中的空白，并为企业的资产配置决策提供更为合理的理论依据。

7.1 理论分析与研究假设

7.1.1 生产经营性房地产对企业业绩的影响

生产经营性房地产是用于企业主营业务运营的资产，如厂房、办公楼和仓库等，它在初期对企业业绩具有显著的正面影响。根据资本配置理论，生产经营性房地产可以提高企业的运营效率、降低物流和运营成本，从而提升企业的竞争力和盈利能力（Brounen et al.，2005）。在实践中，适度的生产经营性房地产持有使得企业不必依赖租赁资产，减少了租金波动带来的不确定性，提高了长期经营的灵活性和稳定性。然而，生产经营性房地产的边际效益并非无限增长。根据边际效益递减理论，随着公司房地产持有率的增加，生产经营性房地产开始占用企业大量的资本，限制了资金的流动和对核心业务的投入。这种情况会导致资源配置不当，影响企业对创新、市场扩展及其他高回报领域的投资。此外，房地产资产的维护和管理成本也会随之增加，从而侵蚀企业利润。因此，企业在持有一定比例的生产经营性房地产时能够提升业绩，一旦超过某一最优水平，继续提升生产经营性房地产持有率会带来边际效益递减，导致企业业绩下降。这种倒“U”形的非线性关系表明，生产经营性房地产持有率存在一个能够使企业业绩达到最大化的最优水平。

7.1.2 投资性房地产对企业业绩的影响

投资性房地产是企业用于出租或资本增值的资产，与主营业务无直接关联。适度的投资性房地产持有能够为企业提供额外的收入来源，例如租金收入和资产增值机会，尤其是在房地产市场表现较好时，投资性房地产可以显著提升企业的资产价值和现金流稳定性（Yu and Liow，2009）。基于风险分散理论，这种多元化的资产配置能够为企业在经济不确定时期提供一定的财务缓冲，降低主营业务表现波动带来的风险。然而，过度持有投资性房地产也会对企业产生负面影响。根据资产组合理论，投资性房地产作为一种非核心业务的高风险资产，对其的过度依赖会分散企业的资源，削弱企业对核心业务的关注和投入。此外，房地产市场的周期性波动可能导致资产贬值，使企业面临更大的市场风险。同时，过多的投资性房地产会降低企业的资本回报率，增加管理成本。因此，投资性房地产对企业业绩的影响也呈现出非线性关系：在适度水平下，投资性房地产能够优化企业的财务表现，当持有率超过最优水平时，投资性房地产的高风险和资源错配将对企业业绩产生负面影响。这种非线性关系说明，企业需要在投资性房地产持有上找到一个最优持有率，以使其正面效应最大化。

基于以上分析，可以提出以下研究假设。

假设 1：公司房地产持有率与企业业绩存在倒“U”形关系。

7.2 实证检验

7.2.1 模型、变量与数据

本章旨在探讨公司房地产持有率与企业业绩的倒“U”形关系。模型如(7－1)所示。

$$alpha_{it} = \beta_0 + \beta_1 crer_{it} + \beta_2 crer_{it} \times crer_{it} + \gamma X_{it} + \mu_i + \chi_t + \delta_{jt} + \lambda_{kt} + \nu_{mt} + \varepsilon_{it} \quad (7-1)$$

核心解释变量为公司房地产持有率（ *crer* ，公司房地产账面价值/总资产账面价值）及其二次项。通过这两个变量可以检验公司房地产持有率对企业业绩的非线性影响。若线性项系数 β_1 为正且二次项系数 β_2 为负，则支持倒“U”形关系的存在，表明在初始阶段，提升公司房地产持有率有助于提升企业业绩，但当公司房地产持有率超过某一最优点后，继续升高反而会导致企业业绩下降。

本研究以企业业绩为被解释变量，用衡量资本市场表现的 *alpha* 系数来度量。*alpha* 系数运用 Fama - French 三因素模型（Fama and French，1993，1995）计算得出：

$$alpha_i = R_i - [R_f + \beta_m(R_m - R_f) + \beta_s SMB + \beta_h HML] \quad (7-2)$$

其中，R_i 为股票的实际回报；R_f 为无风险利率；R_m 为市场回报率；β_m 为市场风险系数；*SMB* 为小盘股和大盘股之间的回报差异；*HML* 为高账面市值比股票与低账面市值比股票之间的回报差异；β_s 衡量公司股票收益率对规模溢价因子的暴露程度，即股票收益率对 *SMB* 的敏感性；β_h 衡量公司股票收益率对价值溢价因子的暴露程度，即股票收益率对 *HML* 的敏感性。*alpha* 系数反映了企业在剔除市场系统性风险后的超额收益能力，着重从资本市场的角度评估企业在证券市场中的表现，适用于投资者和股东评估管理层绩效。

为了控制其他因素对企业业绩的影响，本研究引入了多个控制变量，涵盖企业特征、财务状况、公司治理和市场竞争等方面。具体而言，控制了企业规模（*size*，取总资产的对数），以捕捉规模效应在公司房地产持有率与企业业绩关系中的潜在影响；纳入了资产负债率（*debtrate*）和市净率（*mb*），以控制企业财务风险和融资约束对这一关系的影响；考虑了公司治理结构的影响，引入了 CEO 与董事长是否兼任的虚拟变量（*dual*）以及第一大股东持股比例（*sharerate*1），以控制代理问题和股东利益对企业决策的影响。最后，控制了行业集中度（*hhi*），以排除市场竞争程度对企业房地产策略和业绩的影响。此外，模型中还控制了一系列的固定效应。其中，μ_i 为企业固定效应，χ_t 为年度固定效应，δ_{jt} 为行业与年度的交互项，λ_{kt} 为注册省与年度的交互项，ν_{mt} 为注册市与年度的交互项。为了缓解可能的反向因果关系，模型（7 - 1）中的所有自变量均使用滞后一期的值。

研究所使用的数据均来自 CSMAR 数据库，样本的时间跨度为 2007—2022 年。首先，本研究剔除了有缺失值的样本。其次，为减轻极端值对研究结果的潜在影响，本研究对所有变量进行了 1% 和 99% 的缩尾处理。这种处理方法能够在保留数据整体分布特征的同时，有效限制极端值对模型估计的过度影响，提高研究结果的稳健性和可靠性。最后，总计得到 42515 个观测值。

表 7－1 展示了本研究主要变量的描述性统计结果。结果显示，样本公司在样本期间的平均 *alpha* 系数为 0.0031，表明样本公司整体上仅略微跑赢市场。公司房地产持有率（*crer*）的均值为 0.1797，表明样本公司平均将约 18%的资产配置于房地产。其他控制变量方面，企业规模（*size*）的均值为 22.1327，资产负债率（*debtrate*）的均值为 0.4334，市净率（*mb*）的均值为 0.6160，CEO 与董事长兼任比例（*dual*）的均值为 0.2858，第一大股东持股比例（*sharerate*1）的均值为 0.3389，行业集中度（*hhi*）的均值为 0.0040。

表 7－1　变量的描述性统计

变量	观测值	均值	标准差	最小值	最大值
alpha	42515	0.0031	0.0522	－0.1483	0.2514
crer	42515	0.1797	0.1351	0.0017	0.7137
size	42515	22.1327	1.4133	19.3778	27.1467
debtrate	42515	0.4334	0.2178	0.0515	0.9967
mb	42515	0.6160	0.2458	0.1109	1.1642
dual	42515	0.2858	0.4518	0.0000	1.0000
*sharerate*1	42515	0.3389	0.1491	0.0838	0.7402
hhi	42515	0.0040	0.0189	0.0000	0.1536

7.2.2　实证结论

7.2.2.1　基准回归结果

表 7－2 展示了公司房地产持有率（*crer*）与企业业绩（*alpha*）之间的回归结果，使用四种不同的模型设定对非线性关系进行了检验。模型逐步引入了控制变量和固定效应，以确保结果的稳健性，并探讨公司房地产持有率对企业超额收益的影响。

在模型（1）至模型（4）中，*crer* 的系数均显著为正，表明在公司房地产持有率较低时，公司房地产持有率提升会对企业的市场超额收益率产生正面影响。同时，*crer* 的二次项在所有模型中均显著为负，表明公司房地产持有率与企业业绩之间存在显著的倒“U”形关系。

模型（2）至模型（4）逐步加入了企业固定效应（*Id FE*）、年度固定效应（*Year FE*）、行业与年度的交互项（*Ind # Year FE*）、省份与年度的交互项（*province* # *Year FE*）和城市与年度的交互项（*city* # *Year FE*）。引入这些固定效应有助于控制可能影响企业业绩的时间、行业和地区差异，从而减少外生变量对回归结果的干扰。回归结果表明，在加入这些固定效应后，*crer* 及其二次项的系数依然显著，表明公司房地产持有率与企业业绩之间的倒“U”形关系具有稳健性。

表 7－2　基准回归结果

项目	(1)	(2)	(3)	(4)
	alpha	*alpha*	*alpha*	*alpha*
crer	0.0241***	0.0684***	0.0532***	0.0267***
	(0.0044)	(0.0090)	(0.0095)	(0.0098)
crer × *crer*	－0.0269***	－0.0625***	－0.0475***	－0.0282*
	(0.0072)	(0.0144)	(0.0148)	(0.0151)
size				－0.0128***
				(0.0007)
debtrate				0.0211***
				(0.0028)
mb				0.0409***
				(0.0023)
dual				0.0003
				(0.0009)
*sharerate*1				0.0001**
				(0.0000)
hhi				0.0351
				(0.0310)
常数项	－0.0010*	－0.0070***	－0.0049***	0.2440***
	(0.0005)	(0.0010)	(0.0011)	(0.0163)
观测值	36667	36131	34072	34072
R^2	0.0011	0.1067	0.2292	0.2456
Id FE		Y	Y	Y
Year FE		Y	Y	Y
Ind # *Year FE*			Y	Y
province # *Year FE*			Y	Y

续表

项目	(1)	(2)	(3)	(4)
	alpha	*alpha*	*alpha*	*alpha*
city # Year FE			Y	Y

注：括号中为稳健标准误，*** 表示 $p<0.01$，** 表示 $p<0.05$，* 表示 $p<0.1$。

综上所述，基准回归结果验证了公司房地产持有率对企业业绩的非线性影响，支持了倒“U”形关系的假设。回归结果显示，适度提升公司房地产持有率可以增加企业的市场超额收益，但当持有率超过某一最优点后，进一步提升公司房地产持有率反而会导致企业业绩下降。此外，控制变量如企业规模、资产负债率和市净率对超额收益产生了显著影响，进一步增强了模型的解释力。

本研究的结果与已有文献中的部分研究结论具有相似性和一致性。例如，Brounen 等（2005）、Yu 和 Liow（2009）的研究均发现，适度的公司房地产持有率能够通过优化资本市场的表现增加企业的超额收益。然而，本研究在此基础上进行了拓展，通过引入二次项回归，明确验证了公司房地产持有率与企业业绩之间的倒“U”形关系。这种非线性特征表明，在公司房地产持有率较低时，企业可以通过提升持有率获得更高的超额收益，一旦持有率超过某一最优水平，边际效益将逐渐递减，甚至产生负面影响。此外，Deng 和 Gyourko（2000）、Liow 和 Ooi（2004）也发现，过度的公司房地产持有率可能导致资源错配，进而降低企业价值。本研究的结果同样支持这一结论，并进一步强调在企业决策过程中应谨慎管理和配置房地产资产，避免因持有率过高而导致业绩损失。相较之下，部分文献（如 Du and Ma，2012）认为公司房地产持有率对企业业绩没有显著影响。该类研究可能由于未能充分考虑公司房地产持有率与企业业绩之间的非线性关系，而导致结果与本研究的发现有所不同。通过实证分析，本研究明确了在不同持有水平下，房地产资产对企业业绩的影响不同，从而解释了文献中结论不一致的现象。

总体而言，本研究在理论和实证上为公司房地产持有率对企业业绩的倒“U”形非线性关系提供了支持，并补充了现有文献中的研究空白，强调了企业在资产配置中的最优点选择。

7.2.2.2　稳健性检验

（1）分位数检验。

本研究按照公司房地产持有率 *crer* 的高低将样本企业分为四个分位数组，分别进行回归分析，旨在检验 *crer* 对 *alpha* 的非线性影响，对基准回归结果进行稳健性检验。

表7－3展示了四个分位数的回归结果，每组企业的 *crer* 线性项和二次项分别用于检验是否存在倒“U”形关系。回归结果显示，*crer* 的线性项在第一分位数（低 *crer* 公司）和第二分位数（中低 *crer* 公司）均显著为正，分别为0.1084和0.1392，表明在这些公司中，房地产持有率的提升对企业业绩具有显著的正向影响。同时，二次项在这两个分位数中显著为负，分别为－0.1834和－0.2791，表明当公司房地产持有率超过一定水平后，企业业绩将下降，支持了倒“U”形关系的存在。在第三分位数（中高 *crer* 公司）中，尽管线性项为正，但二次项不显著，表明在这一组企业中，非线性关系并不显著。在第四分位数（高 *crer* 公司）中，二次项显著为负（－0.0731），支持倒“U”形关系的存在，但效应较弱。整体来看，分位数回归结果与基准回归结果基本一致，验证了公司房地产持有率与企业业绩之间的非线性关系，特别是在低房地产持有率公司中表现尤为显著。

表7－3　分位数回归结果

项目	(1)	(2)	(3)	(4)
	一分位	二分位	三分位	四分位
	alpha	*alpha*	*alpha*	*alpha*
crer	0.1084***	0.1392***	0.0394	0.0658**
	(0.0398)	(0.0397)	(0.0478)	(0.0259)
crer × *crer*	－0.1834***	－0.2791***	－0.0161	－0.0731**
	(0.0690)	(0.0771)	(0.1060)	(0.0317)
size	－0.0187***	－0.0188***	－0.0208***	－0.0187***
	(0.0019)	(0.0027)	(0.0027)	(0.0019)
debtrate	0.0371***	0.0263***	0.0249***	0.0210***
	(0.0077)	(0.0088)	(0.0077)	(0.0064)

续表

项目	(1)	(2)	(3)	(4)
	一分位	二分位	三分位	四分位
	alpha	alpha	alpha	alpha
mb	0.0603***	0.0551***	0.0554***	0.0588***
	(0.0059)	(0.0063)	(0.0060)	(0.0057)
dual	0.0027	−0.0026	−0.0001	0.0026
	(0.0022)	(0.0024)	(0.0025)	(0.0022)
sharerate1	0.0002	−0.0001	0.0001	−0.0000
	(0.0001)	(0.0001)	(0.0001)	(0.0001)
hhi	−0.0349	0.0596	0.2116*	−0.0043
	(0.0691)	(0.1309)	(0.1218)	(0.1213)
常数项	0.3601***	0.3669***	0.4025***	0.3533***
	(0.0424)	(0.0577)	(0.0585)	(0.0404)
观测值	7191	6962	7059	7625
R^2	0.3885	0.4154	0.4488	0.4237
Id FE	Y	Y	Y	Y
Year FE	Y	Y	Y	Y
Ind # Year FE	Y	Y	Y	Y
province # Year FE	Y	Y	Y	Y
city # Year FE	Y	Y	Y	Y

注：括号中为稳健标准误，*** 表示 $p<0.01$，** 表示 $p<0.05$，* 表示 $p<0.1$。

（2）变量替代。

表 7－4 展示了公司房地产持有率及其二次项在滞后 2 期、3 期和 4 期对企业业绩的回归结果。通过延长 *crer* 的滞后期，可以更好地检验公司房地产持有率对企业业绩的长期影响，以及倒“U”形关系是否稳健存在。

通过滞后 2 期、3 期和 4 期的回归分析，结果显示，无论滞后期如何设定，*crer* 与 *alpha* 之间的倒“U”形非线性关系均稳健存在。*crer* 的线性项始终显著为正，表明公司房地产持有率在初期对企业业绩具有正向促进作用，而 *crer* 的二次项显著为负，表明当公司房地产持有率超过一定水平后，企业业绩开始下降。这一结果验证了基准回归中提出的倒“U”形假设，而且表明这种非线性关系在不同滞后期依然存在。此外，随着滞后期的延长，模型的解释力有所提升，表明公司房地产持有率的长期效应对企业业绩的影响更为显著。

表 7－4 解释变量替代后的回归结果

项目	(1)	(2)	(3)
	滞后 2 期	滞后 3 期	滞后 4 期
	alpha	*alpha*	*alpha*
crer	0.0438***	0.0372***	0.0393***
	(0.0112)	(0.0119)	(0.0127)
crer × *crer*	−0.0501***	−0.0369**	−0.0567***
	(0.0181)	(0.0179)	(0.0195)
size	−0.0134***	−0.0143***	−0.0155***
	(0.0009)	(0.0009)	(0.0010)
debtrate	0.0190***	0.0186***	0.0189***
	(0.0031)	(0.0033)	(0.0037)
mb	0.0491***	0.0533***	0.0595***
	(0.0026)	(0.0028)	(0.0031)
dual	0.0011	0.0013	0.0006
	(0.0010)	(0.0011)	(0.0011)
*sharerate*1	0.0001**	0.0002***	0.0002***
	(0.0001)	(0.0001)	(0.0001)
hhi	0.0338	0.0331	0.0120
	(0.0378)	(0.0424)	(0.0470)
常数项	0.2516***	0.2702***	0.2927***
	(0.0186)	(0.0200)	(0.0222)
观测值	29101	25561	22312
R^2	0.2630	0.2766	0.2988
Id FE	Y	Y	Y
Year FE	Y	Y	Y
Ind # Year FE	Y	Y	Y
province # Year FE	Y	Y	Y
city # Year FE	Y	Y	Y

注：括号中为稳健标准误，*** 表示 $p<0.01$，** 表示 $p<0.05$。

（3）剔除特殊年份。

表7－5展示了剔除特殊年份后，公司房地产持有率对企业业绩影响的回归结果。为了进一步验证基准回归的稳健性，本研究分别对剔除了2008年（国际金融危机年份）、2020—2022年（新冠疫情年份），以及同时剔除这两个特殊年份的样本进行回归，观察 *crer* 与 *alpha* 之间的倒“U”形关系是否依然显著。

从表7－5中可知，剔除特殊年份后的回归结果验证了公司房地产持有率与企业业绩之间的倒“U”形关系依然稳健存在。无论是剔除2008年国际金融危机年份，还是剔除2020—2022年疫情年份，*crer* 的线性项均显著为正，说明公司房地产持有率对企业业绩的正向影响依然稳健。而 *crer* 的二次项在不同模型中均显著为负，表明当公司房地产持有率增加到一定水平后，企业业绩开始下降，这一非线性倒“U”形效应在剔除不同年份后依然显著。特别是在同时剔除国际金融危机和疫情年份后，倒“U”形效应最为明显，表明特殊年份的市场波动对公司房地产持有率与企业业绩的关系可能产生了部分扰动，但总体结论依然稳健。

表7－5 剔除特殊年份后的回归结果

项目	(1)	(2)	(3)
	剔除2008年	剔除2020—2022年	剔除2008年及2020—2022年
	alpha	*alpha*	*alpha*
crer	0.0339***	0.0274**	0.0451***
	(0.0107)	(0.0126)	(0.0133)
crer × *crer*	−0.0372**	−0.0272	−0.0521***
	(0.0165)	(0.0189)	(0.0202)
size	−0.0124***	−0.0145***	−0.0143***
	(0.0008)	(0.0011)	(0.0011)
debtrate	0.0220***	0.0241***	0.0239***
	(0.0030)	(0.0038)	(0.0040)
mb	0.0401***	0.0447***	0.0487***
	(0.0025)	(0.0033)	(0.0035)

续表

项目	(1) 剔除 2008 年	(2) 剔除 2020—2022 年	(3) 剔除 2008 年及 2020—2022 年
	alpha	*alpha*	*alpha*
dual	0.0007 (0.0010)	0.0004 (0.0013)	0.0008 (0.0014)
*sharerate*1	0.0001** (0.0001)	0.0001* (0.0001)	0.0001 (0.0001)
hhi	0.0175 (0.0325)	0.0131 (0.0369)	-0.0030 (0.0382)
常数项	0.2333*** (0.0177)	0.2756*** (0.0226)	0.2673*** (0.0239)
观测值	29729	23519	22437
R^2	0.2546	0.2583	0.2614
Id FE	Y	Y	Y
Year FE	Y	Y	Y
Ind # Year FE	Y	Y	Y
province # Year FE	Y	Y	Y
city # Year FE	Y	Y	Y

注：括号中为稳健标准误，*** 表示 $p<0.01$，** 表示 $p<0.05$，* 表示 $p<0.1$。

7.2.2.3 机制检验

（1）融资约束机制。

融资约束机制指的是企业因资金获取困难或成本过高而导致的投资和运营受限的现象。对于企业而言，房地产作为固定资产可以抵押，帮助企业在资本市场中获得融资，因此公司房地产持有率可能通过缓解融资约束来影响企业业绩。然而，当公司房地产持有率过高时，其可能导致资金的过度占用，削弱企业对主营业务的投资，进而对企业业绩产生负面影响。融资约束机制有助于解释公司房地产持有率与企业业绩之间的倒“U”形关系。

（2）公司治理机制。

公司治理机制主要是指企业的股权结构、管理层激励等治理结构对企业决策的影响。公司治理较好的企业，往往能够更合理地配置资源，避免房地产持有过多或过少的问题。高效的公司治理可以确保企业在房地产投资上更审慎和理性，提升企业业绩。然而，当公司治理较差时，管理层可能为了自身利益过度投资于房地产，进而影响企业的核心业务。这种治理水平差异会影响公司房地产持有率对企业业绩的影响。

（3）市场竞争机制

市场竞争机制指的是企业所在行业的竞争强度对其战略决策的影响。在竞争激烈的行业，企业必须将更多的资本和资源投入主营业务中以维持竞争优势。因此，公司房地产持有率对企业的影响可能在竞争激烈的行业表现得更加敏感。当市场竞争较弱时，企业可能更倾向于持有房地产以追求稳定的回报，而忽视对核心业务的投入，这可能导致企业业绩下滑。因此，市场竞争是影响企业房地产投资决策和业绩表现的重要机制。

为检验这三个机制，本研究将在模型中引入核心解释变量（*crer* 及其二次项）与融资约束（资产负债率）、公司治理（第一大股东持股比例）、市场竞争（行业集中度）变量的交互项来分析不同机制下的调节效应。结果如表7－6所示。

表7－6 机制检验回归结果

项目	(1)	(2)	(3)
	融资约束机制	公司治理机制	市场竞争机制
	alpha	*alpha*	*alpha*
crer	0.0721*** (0.0157)	0.0701*** (0.0186)	0.0232** (0.0099)
crer × *crer*	−0.0721** (0.0291)	−0.0957*** (0.0308)	−0.0225 (0.0154)
crer × *debtrate*	−0.1045*** (0.0263)		
crer × *crer* × *debtrate*	0.1029** (0.0486)		
crer × *sharerate*1		−0.0013*** (0.0005)	

续表

项目	(1)	(2)	(3)
	融资约束机制	公司治理机制	市场竞争机制
	alpha	*alpha*	*alpha*
*crer × crer × sharerate*1		0.0020*** (0.0007)	
crer × hhi			0.9604** (0.4304)
crer × crer × hhi			-1.5461** (0.7660)
size	-0.0130*** (0.0007)	-0.0128*** (0.0007)	-0.0128*** (0.0007)
debtrate	0.0307*** (0.0033)	0.0211*** (0.0028)	0.0211*** (0.0028)
mb	0.0414*** (0.0023)	0.0411*** (0.0023)	0.0409*** (0.0023)
dual	0.0004 (0.0009)	0.0004 (0.0009)	0.0004 (0.0009)
*sharerate*1	0.0001** (0.0000)	0.0002*** (0.0001)	0.0001** (0.0000)
hhi	0.0328 (0.0312)	0.0352 (0.0312)	-0.0307 (0.0399)
常数项	0.2435*** (0.0162)	0.2416*** (0.0163)	0.2439*** (0.0163)
观测值	34072	34072	34072
R^2	0.2465	0.2459	0.2458
Id FE	Y	Y	Y
Year FE	Y	Y	Y
Ind # Year FE	Y	Y	Y
province # Year FE	Y	Y	Y
city # Year FE	Y	Y	Y

注：括号中为稳健标准误，*** 表示 $p<0.01$，** 表示 $p<0.05$。

在融资约束机制的检验中，模型（1）显示，*crer × debtrate* 的系数为

-0.1045，显著为负（$p<0.01$），表明当企业融资约束较高时，公司房地产持有率对企业业绩的正向影响有所减弱。这意味着在融资受限的情况下，尽管房地产资产能够作为抵押帮助企业获得融资，但高融资约束可能会削弱企业对核心业务的投入。此外，$crer \times crer \times debtrate$ 的系数为 0.1029，显著为正（$p<0.05$），表明融资约束加剧了公司房地产持有率与企业业绩之间的倒“U”形关系。当公司房地产持有率较高时，融资约束的负面影响有所缓和，表明在较高的公司房地产持有率下，尽管企业业绩递减，但融资约束缓解了这种负面效应。因此，融资约束机制成立，且对公司房地产持有率的调节作用显著。

在公司治理机制的检验中，模型（2）的结果显示，$crer \times sharerate1$ 的系数为 -0.0013，显著为负（$p<0.01$），表明在公司治理较好的企业（第一大股东持股比例较高）中，公司房地产持有率的正向效应有所减弱。这可能是因为公司治理较好的企业倾向将资本更多投入核心业务，而不是过度投资于房地产。与此同时，$crer \times crer \times sharerate1$ 的系数为 0.0020，显著为正（$p<0.01$），表明良好的公司治理削弱了倒“U”形效应。公司治理较好的企业能够避免公司房地产持有率过高对企业业绩的负面影响，因此公司治理机制有效。

在市场竞争机制的检验中，模型（3）显示，$crer \times hhi$ 的交互项系数为 0.9604，显著为正（$p<0.05$），表明在市场竞争较弱的行业中，公司房地产持有率对企业业绩的正向效应更为显著。这可能是因为在竞争不激烈的行业中，企业有更多的空间投资于房地产获取稳定的回报。而 $crer \times crer \times hhi$ 的系数为 -1.5461，显著为负（$p<0.05$），表明在市场竞争较弱的行业中，公司房地产持有率的倒“U”形效应更为明显。当公司房地产持有率达到一定水平后，企业业绩开始下降，且在市场竞争较弱的行业中，这种负面效应更为强烈。因此，市场竞争机制的成立表明，市场竞争程度对公司房地产持有率与企业业绩的关系具有显著调节作用。

总体而言，融资约束机制、公司治理机制和市场竞争机制都对公司房地产持有率与企业业绩之间的倒“U”形关系产生了显著的调节效应。融资约束和公司治理对公司房地产持有率的正向效应有所削弱，而市场竞争在较弱的竞争环境下强化了公司房地产持有率的正向效应，同时三者都加剧了倒“U”形效应的存在。

7.2.2.4 异质性检验

（1）不同类型房地产的异质性。

企业的房地产资产可以分为生产经营性房屋建筑物、生产经营性土地使用权、投资性房屋建筑物和投资性土地使用权四类。生产经营性房地产主要用于支持企业的日常生产和运营活动，对提升企业的生产能力和运营效率起直接作用。而投资性房地产主要用于获得租金收益或资本增值，属于企业的非主营业务资产。由于这两类资产在企业资源配置中的作用不同，因此可能对企业业绩产生不同的影响。通过对这四类资产的异质性检验，可以揭示每类资产在企业业绩中的具体贡献与风险。

通过表7－7的回归结果，可以发现不同类型房地产对企业业绩的影响存在显著的异质性。生产经营性房屋建筑物对企业业绩具有显著的正向影响，并呈现倒“U”形关系，表明适度的生产经营性房屋建筑物持有有助于提升企业业绩，但过度投资可能会降低企业的运营效率。生产经营性土地使用权的正向影响相对较弱，且未呈现显著的倒“U”形关系，说明其对企业业绩的影响有限。在投资性房地产方面，投资性房屋建筑物对企业业绩的正向影响较为显著，且存在弱倒“U”形关系，这意味着适度的投资性房屋建筑物持有对企业有利，但过多持有可能会削弱企业的业绩表现。投资性土地使用权则表现出强烈的倒“U”形关系，尽管其初期投资能够带来高回报，但当持有率过高时，企业业绩将急剧下降。整体来看，企业在配置不同类型房地产时，需要特别关注其持有率的临界点，尤其是在投资性房地产中，过度投资可能会导致资源的错配并对企业业绩造成负面影响。

本研究根据 *crer* 一次项和二次项的系数，测算出各类房地产的最优持有比例。其中，生产经营性房屋建筑物的最优持有比例为43.95%，投资性房屋建筑物的最优持有比例为10.98%，投资性土地使用权的最优持有比例为1.19%。生产经营性房屋建筑物的最优持有比例相对较高，而投资性土地使用权的最优持有比例最低。企业在配置不同类型的房地产资产时，应根据这些最优比例进行调整，以确保资源的有效配置和企业业绩的最大化。

表 7－7　不同类型房地产的异质性

项目	(1)	(2)	(3)	(4)
	生产经营性房屋建筑物	生产经营性土地使用权	投资性房屋建筑物	投资性土地使用权
	alpha	*alpha*	*alpha*	*alpha*
crer	0.0487***	0.0631*	0.0862**	0.7103*
	(0.0121)	(0.0324)	(0.0384)	(0.3846)
crer × *crer*	−0.0554**	−0.1308	−0.3926*	−29.7797*
	(0.0242)	(0.1919)	(0.2091)	(16.9350)
size	0.0088***	0.0082***	0.0081***	0.0080***
	(0.0007)	(0.0007)	(0.0007)	(0.0007)
debtrate	−0.0064**	−0.0057**	−0.0058**	−0.0055*
	(0.0028)	(0.0028)	(0.0028)	(0.0028)
mb	−0.0873***	−0.0875***	−0.0875***	−0.0875***
	(0.0024)	(0.0024)	(0.0024)	(0.0024)
dual	−0.0002	−0.0003	−0.0003	−0.0003
	(0.0009)	(0.0009)	(0.0009)	(0.0009)
*sharerate*1	0.0002***	0.0002***	0.0002***	0.0002***
	(0.0000)	(0.0000)	(0.0000)	(0.0000)
hhi	0.0595*	0.0593*	0.0596*	0.0585*
	(0.0308)	(0.0311)	(0.0308)	(0.0307)
常数项	−0.1476***	−0.1313***	−0.1282***	−0.1252***
	(0.0158)	(0.0154)	(0.0152)	(0.0152)
观测值	34072	34072	34072	34072
R^2	0.2772	0.2767	0.2765	0.2765
Id FE	Y	Y	Y	Y
Year FE	Y	Y	Y	Y
Ind # Year FE	Y	Y	Y	Y
province # Year FE	Y	Y	Y	Y
city # Year FE	Y	Y	Y	Y

注：括号中为稳健标准误，*** 表示 $p<0.01$，** 表示 $p<0.05$，* 表示 $p<0.1$。

（2）企业所有权的异质性。

对于国有企业和非国有企业，公司房地产持有率对企业业绩的影响可能存在显著差异。国有企业通常在资源获取、融资渠道和政策支持上占有优势，可能对房地产投资的依赖程度较低，且决策更加倾向稳健和长期回报。而非国有企业更依赖市场资源和资本的高效配置，因此对公司房地产持有率的敏感性更强，过高的房地产投资可能对其核心业务产生更大的影响。因此，国有企业和非国有企业之间的异质性检验有助于揭示不同所有制背景下公司房地产持有率对企业业绩影响的差异（见表7－8）。

表7－8　不同所有制企业的异质性

项目	(1)	(2)
	国有企业	非国有企业
	alpha	*alpha*
crer	0.0305**	0.0582***
	(0.0148)	(0.0138)
crer × *crer*	−0.0378*	−0.0549**
	(0.0201)	(0.0228)
size	0.0047***	0.0110***
	(0.0011)	(0.0010)
debtrate	0.0045	−0.0109***
	(0.0044)	(0.0036)
mb	−0.0774***	−0.0951***
	(0.0038)	(0.0032)
dual	−0.0009	−0.0001
	(0.0015)	(0.0011)
*sharerate*1	0.0001*	0.0002**
	(0.0001)	(0.0001)
hhi	0.0839**	0.0588
	(0.0403)	(0.0436)
常数项	−0.0641**	−0.1915***
	(0.0249)	(0.0220)
观测值	11400	21245
R^2	0.3253	0.3056

续表

项目	(1)	(2)
	国有企业	非国有企业
	alpha	*alpha*
Id FE	Y	Y
Year FE	Y	Y
Ind # Year FE	Y	Y
province # Year FE	Y	Y
city # Year FE	Y	Y

注：括号中为稳健标准误，*** 表示 $p<0.01$，** 表示 $p<0.05$，* 表示 $p<0.1$。

通过表 7－8 的回归结果可以看出，国有企业和非国有企业在公司房地产持有率对企业业绩的影响上都表现出显著的倒“U”形关系。对于国有企业，公司房地产持有率的正向效应显著，但当持有率超过40.34%时，企业业绩开始下降。这表明国有企业虽然在融资和政策支持方面占有优势，但过度持有房地产资产依然可能导致资源的错配，进而影响企业的业绩表现。因此，国有企业应避免公司房地产持有率过高，保持在最优持有比例以下。相较之下，非国有企业表现出更为显著的倒“U”形关系。虽然公司房地产持有率对非国有企业的正向效应更强，但当持有率超过53.01%时，企业业绩迅速下降。这表明非国有企业对资本、资源的敏感性较高，适度的房地产投资有助于提升企业业绩，但过度投资于非主营业务可能导致资源分散，影响企业的核心业务和市场竞争力。

综上所述，虽然非国有企业的最优公司房地产持有率高于国有企业，但非国有企业对公司房地产持有率的敏感性更强，一旦超过最优持有比例，其业绩下降幅度可能更为剧烈。国有企业的最优公司房地产持有率较低，反映出国有企业在资源配置上相对稳健，但即便如此，公司房地产持有率过高仍可能导致资源浪费和业绩损失。因此，两类企业在制定房地产投资策略时，应根据自身特性合理控制公司房地产持有率，以优化资源配置并使企业业绩最大化。

（3）行业的异质性。

不同的行业在资源配置、资产管理、资本结构和市场竞争程度上存在显著差异，因此，公司房地产持有率对企业业绩的影响可能会因行业而异。例如，制造业可能对生产经营性房地产的依赖较高，而金融业等其他行业可能更注重资本市场投资，而非物理资产的持有。因此，行业异质性分析有助于揭示不同行业中公司房地产持有率对企业业绩的影响差异，尤其是是否存在倒“U”形关系。

从表7－9中可以发现，不同行业中的房地产持有率对企业业绩的影响差异显著。制造业（C）、住宿和餐饮业（I）以及租赁和商务服务业（L）都表现出了显著的倒“U”形关系，表明适度的公司房地产持有率能够提升企业业绩，但持有率过高可能会带来负面影响。这些行业更依赖于房地产作为其生产或运营的一部分，因此在一定的公司房地产持有水平下能发挥正向作用。对于电力、热力、燃气及水生产和供应业（D）而言，虽然公司房地产持有率对其企业业绩具有负向影响，但其二次项表明该负面效应在某个节点后会有所减弱。这说明该行业在持有适度的房地产时，负面影响可能会降低。交通运输、仓储和邮政业（F），信息传输、软件和信息技术服务业（G），金融业（J），科学研究和技术服务业（M），水利、环境和公共设施管理业（N），以及文化、体育和娱乐业（R）中，公司房地产持有率对企业业绩的影响均不显著。这些行业的特点是更依赖技术、知识资本或流动资金，房地产持有并非其核心运营资产，因此公司房地产持有率的提升未能对企业业绩产生显著影响。

表7－9　行业的异质性

项目	(1)	(2)	(3)	(4)	(5)	(6)	(7)
	A	B	C	D	E	F	G
	alpha	*alpha*	*alpha*	*alpha*	*alpha*	*alpha*	*alpha*
crer	0.047	−0.046	0.043***	−0.098**	0.097	−0.021	0.080
	(−0.308)	(−0.053)	(−0.015)	(−0.045)	(−0.064)	(−0.038)	(−0.059)
crer × *crer*	0.103	0.108	−0.048*	0.148**	−0.203**	0.013	−0.055
	(−0.384)	(−0.095)	(−0.027)	(−0.068)	(−0.097)	(−0.044)	(−0.078)

续表

项目	(1)	(2)	(3)	(4)	(5)	(6)	(7)
	A	B	C	D	E	F	G
	alpha	*alpha*	*alpha*	*alpha*	*alpha*	*alpha*	*alpha*
size	0. 004	0. 002	0. 009 ***	0. 007 *	0. 010 **	0. 009 ***	0. 009 **
	(−0. 01)	(−0. 004)	(−0. 001)	(−0. 004)	(−0. 004)	(−0. 003)	(−0. 004)
debtrate	0. 021	−0. 021	0	0. 035	−0. 038	−0. 007	−0. 016
	(−0. 049)	(−0. 017)	(−0. 004)	(−0. 022)	(−0. 032)	(−0. 012)	(−0. 014)
mb	−0. 037	−0. 058 ***	−0. 094 ***	−0. 084 ***	−0. 087 ***	−0. 085 ***	−0. 040 *
	(−0. 053)	(−0. 012)	(−0. 003)	(−0. 018)	(−0. 015)	(−0. 013)	(−0. 022)
dual	−0. 007	0. 007	−0. 001	0. 004	0. 004	−0. 001	−0. 001
	(−0. 01)	(−0. 009)	(−0. 001)	(−0. 009)	(−0. 004)	(−0. 004)	(−0. 01)
*sharerate*1	−0. 001	0	0. 000 ***	0	0	0	0
	(−0. 001)	(−0. 001)	(0)	(0)	(0)	(0)	(0)
hhi	0. 437	0. 297 **	0. 011	−0. 051	−0. 075	0. 338	0. 207
	(−0. 327)	(−0. 139)	(−0. 05)	(−0. 141)	(−0. 055)	(−0. 377)	(−0. 148)
常数项	−0. 093	−0. 008	−0. 156 ***	−0. 119	−0. 160 **	−0. 142 **	−0. 161
	(−0. 251)	(−0. 090)	(−0. 024)	(−0. 080)	(−0. 078)	(−0. 056)	(−0. 103)
观测值	189	458	21135	969	719	1561	765
R^2	0. 617	0. 522	0. 303	0. 432	0. 329	0. 352	0. 49
Id FE	Y	Y	Y	Y	Y	Y	Y
Year FE	Y	Y	Y	Y	Y	Y	Y
Ind # Year FE	Y	Y	Y	Y	Y	Y	Y
province # Year FE	Y	Y	Y	Y	Y	Y	Y
city # Year FE	Y	Y	Y	Y	Y	Y	Y
项目	(8)	(9)	(10)	(11)	(12)	(13)	
	I	J	L	M	N	R	
	alpha	*alpha*	*alpha*	*alpha*	*alpha*	*alpha*	
crer	0. 112 **	0. 108	0. 189 *	−0. 216	0. 134	0. 172	
	(−0. 046)	(−0. 111)	(−0. 096)	(−0. 191)	(−0. 163)	(−0. 118)	
crer × *crer*	−0. 172 **	−0. 215	−0. 201 **	0. 313	−0. 232	−0. 147	
	(−0. 086)	(−0. 163)	(−0. 089)	(−0. 193)	(−0. 231)	(−0. 173)	

续表

项目	(8)	(9)	(10)	(11)	(12)	(13)
	I	J	L	M	N	R
	alpha	*alpha*	*alpha*	*alpha*	*alpha*	*alpha*
size	0. 010 ***	0. 014 **	0. 004	0. 006	−0. 004	−0. 009
	(−0. 004)	(−0. 006)	(−0. 006)	(−0. 015)	(−0. 017)	(−0. 01)
debtrate	−0. 008	−0. 045 *	0. 008	−0. 094 *	0. 004	−0. 033 **
	(−0. 012)	(−0. 027)	(−0. 029)	(−0. 048)	(−0. 033)	(−0. 016)
mb	−0. 086 ***	−0. 086 ***	−0. 070 **	−0. 080 **	−0. 133 ***	−0. 054
	(−0. 012)	(−0. 018)	(−0. 030)	(−0. 034)	(−0. 040)	(−0. 036)
dual	0. 002	0. 002	0. 013	−0. 021	0. 003	−0. 017 *
	(−0. 004)	(−0. 007)	(−0. 010)	(−0. 019)	(−0. 011)	(−0. 009)
*sharerate*1	0	0. 001 *	0	0. 002	0. 001	−0. 001
	(0)	(0)	(0)	(−0. 001)	(−0. 001)	(0)
hhi	0. 847 ***	−0. 064	−0. 176	1. 204	0. 607	0. 176
	(−0. 109)	(−0. 122)	(−0. 113)	(−0. 724)	(−1. 081)	(−0. 227)
常数项	−0. 201 ***	−0. 266 **	−0. 073	−0. 085	0. 129	0. 263
	(−0. 077)	(−0. 128)	(−0. 130)	(−0. 332)	(−0. 362)	(−0. 218)
观测值	2101	781	371	221	232	278
R^2	0. 318	0. 398	0. 444	0. 557	0. 536	0. 622
Id FE	Y	Y	Y	Y	Y	Y
Year FE	Y	Y	Y	Y	Y	Y
Ind # Year FE	Y	Y	Y	Y	Y	Y
province# Year FE	Y	Y	Y	Y	Y	Y
city # Year FE	Y	Y	Y	Y	Y	Y

注：①A 表示农、林、牧、渔业；B 表示采矿业；C 表示制造业；D 表示电力、热力、燃气及水生产和供应业；E 表示建筑业；F 表示交通运输、仓储和邮政业；G 表示信息传输、软件和信息技术服务业；I 表示住宿和餐饮业；J 表示金融业；L 表示租赁和商务服务业；M 表示科学研究和技术服务业；N 表示水利、环境和公共设施管理业；R 表示文化、体育和娱乐业。

②括号中为稳健标准误，*** 表示 $p<0.01$，** 表示 $p<0.05$，* 表示 $p<0.1$。

总体而言，重资产行业（如制造业和建筑业）更容易表现出公司房地产持有率的倒“U”形关系，而轻资产行业（如信息传输、软件和信息技术服务业与金融业）不太依赖房地产持有。这些结果表明，不同行业的企业在制定房地产投资策略时，应根据行业特性合理规划资产配置，以避免过度投资房地产对企业业绩产生负面影响。

7.3　本章小结

本章旨在探讨公司房地产持有率对企业业绩的非线性影响，尤其是通过实证检验公司房地产持有率与企业业绩之间是否存在倒“U”形关系。基于现有文献的回顾，学术界关于公司房地产持有率对企业业绩的影响仍存在分歧，一些研究发现公司房地产持有率对企业业绩有正面影响，另一些研究则表明其作用可能为负，甚至无显著关系。为了进一步明确这一关系，本章提出了公司房地产持有率与企业业绩之间的非线性假设，并基于此构建了研究模型。通过公司房地产持有率与企业业绩的回归分析，检验了公司房地产持有率的一次项与二次项对企业业绩的影响方向，目的是识别最优持有水平对企业绩效的促进作用。

研究采用了 *alpha*（基于 Fama - French 三因素模型计算）作为衡量企业业绩的被解释变量，以公司房地产持有率（*crer*）及其二次项作为核心解释变量，此外还控制了企业规模、资产负债率、市净率、公司治理等多项控制变量。通过实证分析，发现公司房地产持有率与企业业绩之间确实存在倒“U”形关系，表明公司房地产持有率在一定水平下能够显著优化企业的市场表现，但当持有率超过某一最优点后，企业业绩反而开始下降。这种结果得到了稳健性检验的支持，通过分位数回归、滞后期分析以及剔除特殊年份的数据，倒“U”形非线性效应得到了进一步验证。研究同时进行了机制检验，发现融资约束、公司治理和市场竞争在公司房地产持有率与企业业绩之间的关系中发挥了显著的调节作用，而且行业与所有制的异质性分析进一步揭示了不同背景下公司房地产持有率对企业绩效的差异性影响。研究为企业在资产配置中的最优房地产持有比例提供了理论依据，并强调了合理的房地产投资策略对提升企业绩效的重要性。

第 8 章

结论及展望

8.1 主要结论

本书围绕公司房地产管理对企业业绩的影响，系统地展开了理论与实证研究，重点探讨了公司房地产持有率的影响因素、财富效应，以及公司房地产持有率与企业业绩之间的非线性关系。研究通过多角度的分析，揭示了公司房地产在企业运营和资本市场表现中的关键作用。具体研究内容与研究发现如下：

第一，本书分析了公司房地产管理的发展历程与核心议题，明确了公司房地产与企业业绩关系的研究背景。文献综述部分揭示了影响公司房地产持有率的诸多因素，并指出了现有研究中存在的局限性，如对新兴市场的研究不足、短期财务效应偏重以及缺乏跨学科视角等，为后续研究奠定了理论基础。

第二，本书通过对中国 A 股上市企业数据的实证分析，研究了中国企业的公司房地产持有状况及其交易行为。研究发现，中国企业的公司房地产持有率整体呈下降趋势，表明去房地产化现象逐步显现。同时，不同行业的公司房地产持有情况存在显著差异，制造业及批发和零售业对房地产的依赖度较高。房地产交易行为呈现周期性变化，并与宏观经济周期紧密相关。

第三，本书通过构建固定效应模型，实证分析了企业内部和外部因素对公司房地产持有率的影响。研究结果显示，企业规模、自由现金流、负债水平等因素对公司房地产持有率具有显著影响。同时，外部房地产市场价格波动也对企业持有房地产的决策起到重要作用。不同类型的房地产资产受不同因素的影响，生产经营性房屋建筑物和土地使用权的持有决策更多受到企业规模和财务状况的影响，而投资性房地产更多受到市场环境的驱动。

第四，本书通过事件研究法，系统研究了公司房地产购置和剥离行为的财富效应。研究发现，市场对房地产购置行为的短期效应呈负向，但长期效应并不显著，表明市场存在信息消化和理性回归的过程。相较之下，房地产剥离的财富效应显示出自愿剥离和非自愿剥离的显著差异。自愿剥离的长期效应显著为正，而非自愿剥离的长期效应为负，说明市场对不同类型的剥离行为有着不同的预期与反应机制。

第五，本书构建了公司房地产持有率与企业业绩的非线性关系模型，实证检验了公司房地产持有率对企业业绩的倒“U”形影响。研究结果表明，适度的房地产持有能够优化企业的市场表现，但当持有率超过一定水平后，企业业绩反而会受到负面影响。这一倒“U”形关系得到稳健性检验的支持，并通过分位数回归、滞后期分析等进一步验证。机制检验还显示，融资约束、公司治理和市场竞争在公司房地产持有率与企业业绩的关系中发挥了重要的调节作用。

8.2 管理建议

根据研究结论，针对中国企业的房地产管理，本书提出以下几个方面的管理建议，帮助企业在动态市场环境中优化资产配置、提升企业价值和运营绩效。

第一，确定最优公司房地产持有率，避免过度或不足投资。研究表明，公司房地产持有率与企业业绩之间存在倒“U”形关系，适度的房地产持有能够提升企业绩效，但当持有率超过某一临界点后，企业的市场表现和盈利能力将会受到负面影响。因此，企业在管理房地产资产时，应根据自身行业特征、业务需求和财务状况，确定最优公司房地产持有率。过度投资可能导致资源错配、资金流动性受限，影响企业对核心业务的投入，而持有不足可能会错失长期增值和成本节约的机会。企业应根据市场周期动态调整房地产持有率，确保资源配置的有效性。

第二，区分生产经营性房地产与投资性房地产的持有策略。研究发现，生产经营性房地产和投资性房地产对企业业绩的影响具有显著差异。生产经营性房地产主要用于支持企业的核心业务运营，适度持有有助于提升企业的运营效率和长期稳定性。因此，企业应确保生产经营性房地产的持有率与业务发展相匹配，避免过度依赖外部租赁市场，特别是制造业及批发和零售业等依赖空间资源的企业。对于投资性房地产，企业应审慎评估持有的风险与收益，避免过度投资于高风险的非核心资产，防止影响企业的资本回报率和核心业务竞争力。

第三，加强公司治理，提高房地产管理的透明度和效率。研究表明，公司治理水平对房地产持有决策具有显著的调节作用。治理良好的企业在房地产管理上更具理性与前瞻性，能够有效平衡短期收益与长期战略目标。企业应通过优化股权结构、完善管理层激励机制和建立透明决策流程，提高房地产管理的效率。尤其是在房地产购置和剥离的决策中，企业应更加注重长期战略与市场预期，通过高效的内部治理和信息披露，增强投资者和市场的信心，进而促进企业价值增长。

第四，在房地产购置与剥离中灵活应对市场周期。研究发现，中国企业在进行房地产购置和剥离时，市场的反应存在短期效应与长期效应的显著差异，且受市场环境和政策影响较大。企业应根据房地产市场和资本市场的周期性变化灵活调整房地产投资策略。在经济扩张期，适度增加房地产购置，借助资本增值机会提高资产价值；在经济下行期，特别是市场波动较大时，企业应考虑通过剥离非核心房地产来释放流动性，支持企业核心业务的持续发展。同时，企业在进行剥离时，应优先考虑自愿剥离策略，聚焦核心业务，提升长期竞争力。

第五，根据行业和市场竞争特点调整房地产策略。不同行业对房地产资产的依赖程度存在显著差异。制造业，交通运输、仓储和邮政业，批发和零售业等重资产行业企业应重视生产经营性房地产的持有与管理，以支持其核心业务的正常运营。而对于金融业，信息传输、软件和信息技术服务业等轻资产行业，企业可以更加注重资本市场的运作，将资源更多地投入创新和技术研发中，而非大量持有房地产。此外，企业应结合市场竞争强度和行业发展趋势，动态调整房地产持有策略，以应对行业内外部变化。

第六，优化融资管理，充分利用房地产的抵押融资功能。研究表明，融资约束是影响公司房地产持有率与企业业绩关系的重要机制。对于融资约束较大的企业，房地产持有可以作为抵押融资工具，有效缓解资金压力。因此，企业应充分利用房地产的融资功能，在保持合理持有率的前提下，通过抵押贷款等方式获得必要的资金支持。此外，企业应关注融资结构的优化，避免过度依赖房地产融资，防止资金链的紧张和潜在风险的积累。

通过上述管理建议，中国企业可以更有效地管理公司房地产资产，确保在提升企业业绩的同时，避免过度投资房地产带来的风险。企业应依据市场变化、行业特征及内部治理水平，灵活调整房地产持有与管理策略，以实现长期可持续的价值增长，打造竞争优势。

8.3 研究局限

本书的研究局限性主要体现在数据样本的局限、动态市场环境的影响、研究方法的局限以及未能充分考虑公司房地产对企业非财务层面的长期战略和组织效应。具体如下：

第一，数据样本的局限性。本书的研究主要基于中国 A 股上市企业 2007—2022 年的公司房地产数据。虽然这些数据能较好地代表中国企业的公司房地产持有情况，但仍然存在一些局限性。非上市公司的数据未被纳入，可能导致样本覆盖面有限，无法全面反映不同类型企业的公司房地产管理行为。

第二，动态市场环境的影响。本书的研究基于过去 15 年的公司房地产持有数据进行分析，但中国的房地产市场和经济环境变化较快，尤其是近年来的政策调整和经济波动，可能对公司房地产持有率和企业业绩产生不同程度的影响。由于数据滞后性和市场动态特征的复杂性，本书的结论可能在不同时期、不同政策背景下存在适用性差异。

第三，研究方法的局限。本书主要采用了固定效应模型、事件研究法以及机器学习方法来探讨公司房地产持有率对企业业绩的影响。虽然这些方法在现有数据条件下表现出较好的解释力和稳健性，但也有一定的局限性。首先，固定效应模型无法完全控制所有的内生性问题，特别是潜在的反向因果关系。其次，事件研究法虽然可以捕捉市场对公司房地产交易行为的短期反应，但对长期效应的捕捉可能不够全面。

第四，研究视角的局限。尽管本书探讨了公司房地产持有率对企业业绩的非线性影响及其财富效应，但重点仍然放在财务层面的分析上。公司房地产的影响不仅限于企业的财务表现，还涉及企业的战略规划、运营效率、组织文化等非财务方面的因素。本书未能充分考虑这些方面的潜在影响，未来的研究可以更深入地从战略、文化等非财务角度进行探索，以构建更全面的公司房地产管理理论。

8.4 研究展望

基于本书存在的研究局限性，未来可以在以下方面进行拓展研究：

第一，拓展研究对象与数据来源。未来研究可以拓展研究对象，纳入非上市公司的数据，以便更系统地分析中国企业在公司房地产管理中的行为差异。此外，随着大数据和人工智能的发展，未来研究可以借助更多实时、高频的企业数据，如地理信息系统数据、企业投资动态数据等，提升研究的精确性和广度。

第二，探索不同经济周期与政策背景下的房地产管理行为。未来的研究可以深入探讨不同经济周期和政策背景下公司房地产持有率与企业业绩的动态变化。例如，分析在经济扩张期与收缩期、宽松的货币政策与紧缩政策下，企业在房地产管理行为上的差异。同时，进一步分析政策变化，如房地产调控政策、金融监管政策、城市更新政策等对公司房地产持有率的长期影响，将帮助企业在多变的环境中制定更为灵活的资产管理策略。

第三，应用更丰富的研究方法。在研究方法上，未来可以引入更多因果推断和机器学习的前沿方法，以提升结论的稳健性。此外，进一步应用深度学习和自然语言处理技术，挖掘更多非结构化数据（如公司年报中的文本信息、新闻报道等）来分析企业的房地产管理行为，可能为研究带来新的启示。

第四，拓展研究视角，关注公司房地产的长期战略与非财务效应。未来研究可以从更加多元的视角来研究公司房地产对企业的影响。除了财务效应，研究可以探讨公司房地产在企业长期战略中的作用，例如，它如何影响企业的资源整合能力、风险管理、品牌形象和员工绩效等。同时，对非财务效应如企业文化、组织创新能力、社会责任履行等领域的探讨，也有助于全面揭示公司房地产管理的潜在价值和战略意义。

参考文献

[1]ABIGAIL A, DHARMASTUTI C. The impact of related party transactions on firm value in Indonesia: moderating role of good corporate governance [J]. Cogent business & management, 2022, 9(1): 2135208.

[2]ADAMS A T, CLARKE R. Stock market reaction to sale and leaseback announcements in the UK[J]. Journal of property research, 1996(13):31 -46.

[3]ADENDORF M J, NIKADO R N. Increasing corporate value through strategic real estate management [J]. Real estate review, 1996, 26(4): 69 -72.

[4] ALEXANDROU G, SUDARSANAM P. Shareholder wealth experience of buyers in corporate divestitures: impact of business strategy, growth opportunities and bargaining power [C]// European Financial Management Association Meetings (EFMA), 2001.

[5]ALLEN M T, RUTHERFORD R C, SPRINGER T M. The wealth effects of corporate real estate leasing [J]. Journal of real estate research, 1993, 8(4): 567 -578.

[6]ALLEN P R, SIRMANS C F. An analysis of gains to acquiring firm's shareholders: the special case of REITs [J]. Journal of financial economics, 1987, 18(1): 175 -184.

[7]ALSULTAN Q M. Determinants and relationship between related party transactions and firm value: evidence from Saudi Arabia [J]. Journal of accounting and public policy, 2023, 42(3): 106948.

[8]ALTY A. How sensitive is investment to cash flow when financing is friction-

less? [J]. Journal of finance, 2003, 58(2): 707 -722.

[9]ALVAYAY J R,RUTHERFORD R C,SMITH W S. Tax - rules and sale and leasebacks of corporate real estate[J]. Realestate economics,1995(23):207 -238.

[10]AMBROSE B W, DIOP M, YOSHIDA J. Product market competition and corporate real estate investment under demand uncertainty [J]. Real estate economics, 2017, 45(3): 521 -590.

[11]APGAR M I V. Managing real estate to build value [J]. Harvard business review, 1995, 73(6): 162 -179.

[12]ARAFAT M A A, PUSVIKASARI N. Determinants of firm value:property, real estate, and building construction companies (IDX) [C]// Prosiding Seminar Nasional Forum Manajemen Indonesia,2023(1): 471 -480.

[13]ARTHUR, ANDERSEN,COMPANY. Real estate in the corporation: the bottom line from senior management [M]. San Francisco, CA: Author, 1993.

[14]ASQUITH P, BRUNER B F, MULLINS D W. The gains to bidding firms from merger [J]. Journal of financial economics, 1983(11): 121 -139.

[15] ATIAS P K. Predisclosure information, firm capitalization and security price behavior around earnings announcement [J]. Journal of accounting research, 1985(15): 21 -36.

[16]ATTAOUI S, CAO W, SIX P. Capital structure and the optimal payment methods in acquisitions [J]. International review of law and economics, 2021 (66): 105986.

[17]BATES T W. Asset sales, investment opportunities, and the use of proceeds [J]. The journal of finance, 2005, 60(1): 105 -135.

[18]BELL M. Speech given to the corporate real estate organization of AT&T [Z]. New York:Dun & Bradstreet Corp, 1991.

[19]BOOTH G G, GLASCOCK J L, SARKAR S K. A reexamination of corporate sell -offs of real estate assets [J]. Journal of real estate and economics, 1996 (12): 195 -202.

[20]BOOTH M. How corporate real estate affect its shareholder value [J].

Journal of corporate real estate, 1999, 2(1): 19 –28.

[21]BOSTIC R W, LONGHOFER S D, REDFEARN C L. Land leverage: decomposing home price dynamics [J]. Real estate economics, 2007, 35(2): 183 –208.

[22]BOUDREAUX K. Divestiture and share price [J]. Journal of financial and quantitative analysis, 1975, 10(4): 619 –626.

[23]BRADLEY M, DESAI A, KIM E H. Synergistic gains from corporate acquisitions and their division between the stockholders of target and acquiring firms [J]. Journal of financial economics, 1988(21): 3 –40.

[24]BRAV A, GRAHAM J, HARVEY C, et al. Payout policy in the 21st century [J]. Journal of financial economics, 2005, 77(3): 483 –527.

[25]BREIMAN L. Random forests [J]. Machine learning, 2001, 45(1):5 –32.

[26]BROUNEN D, COLLOANDER G C, EICHHOLTZ P M A E. Corporate real estate and stock performance in the international retail sector [J]. Journal of corporate real estate, 2005, 7(4): 287 –299.

[27]BROUNEN D, DIJK M V, EICHHOLTZ P. Corporate real estate and corporate takeovers: international evidence [J]. Journal of real estate research, 2008, 30(3): 294 –313.

[28]BROUNEN D, EICHHOLTZ P M A E. Corporate real estate ownership implication: international performance evidence [J]. The journal of real estate finance and economics, 2005, 30(4): 429 –445.

[29]BROWN M. Keeping score: using the right metrics to drive world – class performance [M]. Portland: Productivity Press Inc, 1996.

[30]BROWN M G. Choosing a company's building design: models for strategic design decisions [J]. Journal of real estate research, 2001, 22(1/2): 81 –104.

[31]BRYAN A B. The state of sale – leasebacks: what corporations can and should expect today [J]. Journal of corporate real estate, 2003, 6(1): 15 –23.

[32]BUI T, NGUYEN X, PHAM K T. The effect of capital structure on firm value:a study of companies listed on the Vietnamese stock market [J]. International

journal of financial studies, 2023, 11(3): 100.

[33]BURNS C M. Analyzing the contribution of corporate real estate to the strategic competitive advantage of organizations [EB/OL]. (2002) [2023-10-26]. http://www. occupier. org/papers/working_paper10. pdf.

[34]BYRD J W, HICKMAN K A. Do outside directors monitor managers? Evidence from tender offer bids [J]. Journal of financial economics, 1992 (32): 195-221.

[35]CAMPA J M, KEDIA S. Explaining the diversification discount [J]. Journal of finance, 2002(57): 1731-1762.

[36]CAMPBELL R D, GHOSH C, SIRMANS C F. The information content of method of payment in merges: evidence from real estate investment trusts (REITs) [J]. Real estate economics, 2001, 29(3): 361-387.

[37]CAMPBELL R D, PETROVA M. Wealth effects of diversification and financial deal structuring: evidence from REITS property portfolio acquisitions [J]. Real estate economics, 2003, 31(3): 347-366.

[38]CASE K E, QUIGLEY J M, SHILLER R J. Comparing wealth effects: the stock market versus the housing market [Z]. NBER Working Paper, 2001.

[39]CHANEY T, SRAER D, THESMAR D. The collateral channel: how real estate shocks affect corporate investment [J]. The American economic review, 2012, 102(6): 2381-2409.

[40]CHANG Y J, LEE B H. The impact of ESG activities on firm value: multi-level analysis of industrial characteristics [J]. Sustainability, 2022, 14(21): 14444.

[41]CHEONG K, KIM S K. Corporate real estate holdings and the value of grim in Korea [J]. Journal of real estate research, 1997, 13(3): 273-295.

[42]CHEN H, HU M Y, SHIEH J C P. The wealth effect of international joint ventures: the case of U. S. investment in China [J]. Financial management, 1991, 20(4): 31-41.

[43]CHUN G H, TJUNG L J. Corporate real estate holdings by industry in the Asia-Pacific Countries [C]// The 5th Annual Conference of the Pacific Rim Real

Estate Society,1999.

[44]CLARK T E. Rents and prices of housing across areas of the United States: a cross - section examination of the present value model [J]. Regional science and urban economics, 1995, 25(2): 237 -247.

[45]CLAYTON J. Rational expectations, market fundamentals and house price volatility [J]. Real estate economics, 1996, 24(4): 441 -470.

[46]COMMENT, SCHWERT G W. Poison or placebo? Evidence on the deterrent and wealth effects of modern antitakeover measures [J]. Journal of financial economics, 1995, 39(1): 3 -43.

[47]DAHLMANN N O. Determining real property assets [M]// SILVERMAN R A. Corporate real estate handbook. New York: McGraw - Hill, 1987.

[48]DATTA D K, PINCHES G E, NARAYANAN V K. Factors influencing wealth creation from mergers and acquisitions: a meta - analysis [J]. Strategic management journal, 1992, 13(1): 67 -84.

[49]DATTA S, ISKANDAR - DATTA M, RAMAN K. Executive compensation and corporate acquisition decisions [J]. Journal of finance, 2001 (56): 2299 -2336.

[50]DATTA S, ISKANDAR - DATTA M, RAMAN K. Value creation in corporate asset sales: the role of managerial performance and lender monitoring [J]. Journal of banking & finance, 2003, 27(1): 351 -375.

[51]DEBENHAM, TEWSON , CHINNOCK. The role of property: managing cost and releasing value [M]. London: DTC Research, 1992.

[52]DE JONGE H. Toegevoegde waarde van concernhuisvesting [Z]. NSC Conference, Netherlands, 1996.

[53]DEEBLE K E. Financing corporate real estate: a raw materials approach [Z]. Journal of corporate real estate, 2000, 2(2): 144 -153.

[54]DELOITTE. Trends in corporate real estate [Z]. Amsterdam: Author, 2004.

[55]DENG Y S, GYOURKO J. Real estate ownership by non - real estate

firms: an estimate of the impact on firm return [R]. University of Southern California, 2000.

[56]DILULLO E, SHLAES J, TAPAJNA J. Who owns America and how should it be managed? [J]. Journal of property management, 1991, 56(1): 40 – 43.

[57]DONG Y, LEUNG C K Y, CAI D. What drives fixed asset holding and risk – adjusted performance of corporate in China? An empirical analysis [EB/OL]. (2011 – 02 – 25)[2023 – 10 – 26]. https://mpra.ub.uni – muenchen.de/29128/1/MPRA_paper_29128.pdf.

[58]DU H, MA Y, AN Y. The impact of land policy on the relation between housing and land prices: evidence from China [J]. The quarterly review of economics and finance, 2011, 51(2): 19 – 27.

[59]DU J, LEUNG K Y C, CHU D. Return enhancing, cash – rich or simply empire – building? An empirical investigation of corporate real estate holdings [Z]. Chinese University of Hong Kong, 2007.

[60]DU, MA. The impact of corporate real estate ownership on firm performance: evidence from Chinese listed companies [C]//The 19th Annual Pacific – Rim Real Estate Society Conference, 2012.

[61]DTZ. Money into property—Europe [R]. Amsterdam: Author, 2003.

[62]ELAYAN E A, YOUNG P J. The value of control: evidence from full and partial acquisitions in the real estate industry [Z]. Working paper, Southwest Missouri State University, 1993.

[63]ELLERT J C. Mergers, anti – trust law enforcement and stockholder returns [J]. The journal of finance, 1976, 31(3): 715 – 732.

[64]EMORY C. Business research methods [M]. 3rd ed, Homewood: Irwin, 1985.

[65]ENG A, LEE J, RAZALI M N, et al. Stock market reaction to corporate real estate divestitures and acquisitions during the global financial crisis [J]. Journal of business research, 2015(73): 71 – 77.

[66]EZZELL J R, VORA P P. Leasing versus purchasing: direct evidence on a

corporation's motivations for leasing and consequences of leasing [J]. Quarterly review of economics and finance, 2001(41): 33 –47.

[67]FAMA E, FRENCH K. Common risk factors in the returns on stocks and bonds [J]. Journal of financial economics, 1993, 33(1): 3 –56.

[68]FAMA E, FRENCH K. Size and book – to – market factors in earnings and returns [J]. The journal of finance, 1995, 50(1): 131 –155.

[69]FARRAGHER E. Corporate real estate asset decision – making [J]. Real estate appraiser and analyst, 1984, 50(3): 13 –17.

[70]FAZZARI S M, HUBBARD R G, PETERSON B C, et al. Financing constraints and corporate investment [J]. Brookings papers on economic activity, 1988, (1): 141 –206.

[71]FAZZARI S M, HUBBARD R G, PETERSON B C. Working capital and fixed investment: new evidence on financing constraints [J]. Rand journal of economics, 1993, 24(3): 328 –342.

[72]FEIJTS B,RIANNE A M. CRE effects on organizational performance:measurement tools for management [J]. Journal of corporate real estate, 2007 (9): 218 –238.

[73]FITRI H, SURJANDARI D A. The application of decision support systems for production capacity planning: a case study of small and medium enterprises [J]. Journal of engineering and applied sciences, 2022, 14(5): 122 –135.

[74]FISHER L M. The wealth effects of sale and leasebacks: new evidence [J]. Real estate economics, 2004(32): 619 –643.

[75]FRIEDMAN J H. Greedy function approximation: a gradient boosting machine [J]. Annals of statistics, 2001, 29(5): 1189 –1232.

[76]FURTADO E P H, KARAN V. Causes, consequences, and shareholder wealth effects of management turnover: a review of the empirical evidence [J]. Financial management, 1990, 19(2): 60 –75.

[77]FURTADO E P H, ROZEF M S. The wealth effects of company initiated management changes [J]. Journal of financial economics, 1987, 18(1): 147 –160.

[78] GAGENT S I, HOOK R C. Organizing, staffing and compensating the real estate function [M]// SILVERMAN R A. Corporate real estate handbook. New York: McGraw – Hill, 1987.

[79] GALE J, CASE F. A study of corporate real estate resource management [J]. Journal of real estate research, 1989, 4(3): 23 – 33.

[80] GALLIN J. The long run relationship between house prices and rents [J]. Finance and economics discussion series, 2004, 36(4): 417 – 438.

[81] GIROUX B P. Asset disposition [M]// SILVERMAN R A. Corporate real estate handbook, New York: McGraw – Hill, 1987.

[82] GLASCOCK J L, DAVIDSON W N, SIRMANS C F. An analysis of the acquisition and disposition of real estate assets [J]. Journal of real estate research, 1989, 4(3): 131 – 140.

[83] GLASCOCK J L, DAVIDSON W N, SIRMANS C F. The gains from corporate sell – offs: the case of real estate assets [J]. Real estate economics, 1991, 19 (4): 567 – 582.

[84] GRAHAM J, HARVEY C, RAJGOPAL S. The economic implications of corporate financial reporting [J]. Jourmal of accounting and economics, 2005 (40): 3 – 73.

[85] GRANGER C. Investigating causal relations by econometric models and cross – spectral methods [J]. Econometrica, 1969 (37): 424 – 438.

[86] GRÖNLUND A, LOUKO J, VAIHEKOSKI M. Corporate real estate sale and leaseback effect: empirical evidence from Europe [J]. European financial management, 2008, 14(4): 820 – 843.

[87] GUPTA A, GUPTA K, ISKANDAR M. Societal pressures, "involuntary" sell – offs, and shareholder wealth [J]. Financial management, 1991, 20(2): 13 – 26.

[88] GUPTA I, MISHRA N, TRIPATHY N. The impact of merger and acquisition on value creation: empirical evidence [C]// The Importance of New Technologies and Entrepreneurship in Business Development: In The Context of Economic Diversity in Developing Countries, Springer International Publishing, 2021: 1435 – 1456.

[89] HAN J, LIANG Y. The historical performance of real estate investment trusts [J]. Journal of real estate research, 1995, 10(2): 235 -261.

[90] HANNULA M. Expedient total productivity measurement [R]. Industrial Management and Business Administration Series, No. 1, Acta Polytechnica Scandinavica, 1999.

[91] HASTIE T, TIBSHIRANI R, FRIEDMAN J. The elements of statistical learning: data mining, inference, and prediction [M]. Berlin: Springer Science & Business Media, 2009.

[92] HEALY P, PALEPU K, RUBACK R. Does corporate performance improve after mergers? [J]. Journal of financial economics, 1992, 31(2): 135 -175.

[93] HILL M. Corporate real estate: its role in maximizing shareholder value [J]. Journal of corporate real estate, 2001, 3(4): 335 -345.

[94] HIANG L K, OOI J. Current issues in strategic corporate real estate asset analysis and management [J]. Journal of corporate real estate, 2000, 2(3): 240 -249.

[95] HITE G L, OWERS J E, ROGERS R C. The separation of real estate operations by spin - off [J]. Areuea journal, 1984, 12(3): 318 -332.

[96] HITE G L, OWERS J E, ROGERS R C. The market for interfirm assets sales: partial sell - offs and total liquidations [J]. Journal of financial economics, 1987, 18(2 -3): 229 -252.

[97] HUBBARD R G. Capital - market imperfections and investment [J]. Journal of economic literature, 1988, 26(1): 193 -225.

[98] HUKUBUN F N. Effect of capital structure changes on stock return performance of LQ -45 stocks listed in Jakarta stock exchange pre and post financial crisis [D]. Surabaya: Universities Kristen Petra, 2005.

[99] HWA T K. Sources of net present value gains in the acquisitions of corporate real estate [J]. Journal of corporate real estate, 2008, 10(2): 121 -129.

[100] IVANOV S, FAULKNER M. Corporate real estate ownership, cash and credit ratings [J]. Journal of economic studies, 2020, 48(5): 762 -783.

[101] JAIN P C. The effect of voluntary sell - off announcements on shareholder

wealth [J]. The journal of finance, 1985, 40(1): 209 –224.

[102]JARRELL G A, BRICKLEY J A, NETTER J M. The market for corporate control: the empirical evidence since 1980 [J]. The journal of economic perspectives, 1988, 2(1): 49 –68.

[103]JAYARAMAN N, KHORANA A, NELLING E. An analysis of the determinants and shareholder wealth effects of mutual fund mergers [J]. The journal of finance, 2002, 57(3): 1521 –1551.

[104]JENSEN M C. Agency costs of free cash flow, corporate finance, and takeovers [J]. American economic review, 1986, 76(2): 323 –329.

[105]JENSEN M C, MECKLING W. Theory of the firm: managerial behavior, agency costs and ownership structure [J]. Journal of financial economics, 1976, 3(4): 305 –360.

[106]JOHN K, OFEK E. Asset sales and increase in focus [J]. Journal of financial economics, 1995, 37(1): 105 –126.

[107]JOHNSON L E, KEASLER T. An industry profile of corporate real estate [J]. Journal of real estate research, 1993, 8(4): 455 –473.

[108]JUNG K, KIM Y C, STULZ R M. Timing, investment opportunities, managerial discretion, and the security issue decision [J]. Journal of financial economics, 1996(42): 159 –185.

[109]KANG J K, STULZ R M. How different is Japanese corporate finance? An investigation of the information content of new security issues [J]. Review of financial studies, 1996(8): 109 –129.

[110]KAPLAN R S, NORTON D P. The balanced scorecard: measures that drive performance [J]. Harvard business review, 1992, 70(1): 71 –79.

[111]KAPLAN R S, NORTON D P. Using the balanced scorecard as a strategic management system [J]. Harvard business review, 1996, 74(1): 75 –85.

[112]KAPLAN R S, NORTON D P. Having trouble with your strategy? Then map it [J]. Harvard business review, 2000, 78(5): 167 –176.

[113]KAPLAN R S, NORTON D P. Strategy maps: converting intangible assets

into tangible outcomes [M]. Boston: Harvard Business School Publishing Corporation, 2004.

[114] KARPOFF J M, MALATESTA P H. The wealth effects of second - generation state takeover legislation [J]. Journal of financial economics, 1989, 25(2): 291 - 322.

[115] KENLEY R. Unleashing the power of corporate real estate [D]. Melbourne: The University of Melbourne, 2000.

[116] KOOYMANS R. The outsourcing of corporate real estate management: how do corporate real estate units and outsource service providers view each other and management issues? [C]//Pacific Rim Real Estate Society Conference. 2000: 1 - 13.

[117] KRISHNAN V S, MOYER R C. Bankruptcy costs and the financial leasing decision [J]. Financial management, 1994, 23(1): 31 - 42.

[118] KRUMM P J M M. The "value" of corporate real estate [C]// The 7th Annual Conference of the European Real Estate Society, 2000.

[119] KRUMM P J M M, DEWULF G, DE JONGE H. Managing key resources and capabilities: pinpointing the added value of corporate real estate management [J]. Facilities, 1998, 16(12/13): 372 - 379.

[120] KRUMM P J M M, DEWULF G, DE JONGE H. The impact of evolving structures on managing corporate real estate [J]. Journal of corporate real estate, 1999, 2(1): 58 - 67.

[121] KRUMM P J M M, DE VRIES J. Value creation through the management of corporate real estate [J]. Journal of property investment and finance, 2003, 21(1): 61 - 72.

[122] KURNIAWAN N, MARHAMAH M, HERIDIANSYAH J. Determinan firm value pada perusahaan property dan real estate [J]. Journal STIE semarang, 2023, 15(3): 40 - 50.

[123] LABO I A. Corporate growth potential in value of banking companies listed on the Indonesia Stock Exchange 2015 - 2021 [J]. Journal of social research, 2023, 2(8): 1514 - 1529.

[124] LAMBERT S, POTEETE J, WALTCH A. Generating high - performance corporate real estate service [R]. International Development Research Foundation, 1995.

[125] LANG L H P, STULZ R M, WALKLING R A. A test of the free cash flow hypothesis: the case of bidder returns [J]. Journal of financial economics, 1991 (29): 315 - 336.

[126] LAPOSA S, CHARLTON M. European versus US corporations: a comparison of property holdings [J]. Journal of corporate real estate, 2001, 4(1): 34 - 37.

[127] LA PORTA R, LOPEZ - DE - SILANES F, SHLEIFER A, et al. Agency problems and dividend policies around the world [J]. The journal of finance, 2000, 55(1): 1 - 31.

[128] LEAMAN A, BORDASS B. Productivity in buildings: the "killer" variables [J]. Building research and information, 1999, 27(1): 4 - 19.

[129] LEE M L, LEE M T. Corporate real estate sales and agency costs of managerial discretion [J]. Property management, 2007, 25(5): 502 - 512.

[130] LEWELLEN W, LODERER C, ROSENFELD A. Merger decisions and executive stock ownership in acquiring firms [J]. Journal of accounting and economics, 1985(7): 209 - 231.

[131] LEVIN A, LIN C, CHU C C. Unit root tests in panel data: asymptotic and finite - sample properties [J]. Journal of econometrics, 2002, 108(1): 1 - 24.

[132] LINDHOLM A L, GIBLER K M. Measuring the added value of corporate real estate management—beyond cost minimization [C]//Proceedings of the ERES Conference, 2005.

[133] LINDHOLM A L, LEVÄINEN K. A framework for identifying and measuring value added by corporate real estate [J]. Journal of corporate real estate, 2006, 8 (1): 38 - 46.

[134] LINNEMAN P. The coming disposal of corporate real estate [R]. Zell/Lurie Real Estate Center at Wharton Working Paper, University of Pennsylvania, 1998.

[135] LIOW K H. Property in corporate financial statements: the U. K. evidence [J]. Journal of property research, 1995, 12(1): 13 - 28.

[136]LIOW K H. An empirical investigation of UK retail companies' property asset strategies [J]. Journal of property finance, 1997, 8(1): 24 -34.

[137]LIOW K H. Corporate investment and ownership in real estate in Singapore: some empirical evidence [J]. Journal of corporate real estate, 1999, 1(4): 329 -342.

[138]LIOW K H. Corporate real estate in the Singapore stock market [J]. Managerial and decision economics, 2001, 22(4): 271 -284.

[139]LIOW K H. Corporate real estate and stock market performance [J]. The journal of real estate finance and economics, 2004, 29(1): 119 -140.

[140]LIOW K H, INGRID N C. A combined perspective of corporate real estate [J]. Journal of corporate real estate, 2008, 10(1): 54 -67.

[141]LIOW K H, OOI J T L. Does corporate real estate create wealth for shareholders? [J]. Journal of property investment and finance, 2004, 22(5): 386 -400.

[142]LOCKE S. Property market forces - impact on public sector managers [C]// Public Sector Property Conference, 1991.

[143]LOUARAND M A, LAMBERT S. Transformation: the evolution of the property management industry [Z]. MIT Center for Real Estate Working Paper,1996.

[144]MACHLICA D, BORUNCH N B. Managing corporate assets from a long term perspectives [J]. Commercial investment real estate journal, 1989:44 -46.

[145]MAIS E L, MOORE W T, ROGERS R C. A reexamination of shareholder wealth effects of calls of convertible preferred stock [J]. The journal of finance, 1989, 44(5): 1401 -1410.

[146]MANNING C, ROULAC S E. Corporate real estate research within the academy [J]. Journal of real estate research, 1999, 17(3): 265 -279.

[147]MANNING C, ROULAC S E. Lessons from the past and future directions for corporate real estate research [J]. Journal of real estate research, 2001, 22(1/2): 7 -57.

[148]MANNING C A, RODRIGUEZ M, GHOSH C. Devising a corporate facility location strategy to maximize shareholder wealth [J]. Journal of real estate re-

search, 1999, 17(3): 321 – 340.

[149] MARSDEN A. Shareholder wealth effects of rights issues: evidence from the New Zealand capital market [J]. Pacific – Basin finance journal, 2000, 8(3 – 4): 419 – 442.

[150] MASULIS R W, WANG C, XIE F. Corporate governance and acquirer returns [J]. The journal of finance, 2007(4): 1851 – 188.

[151] MAYDEW E L, SCHIPPER K, VINCENT L. The impact of taxes on the choice of divestiture method [J]. Journal of accounting and economics, 1999(28): 117 – 150.

[152] MCLNTOSH W, OTT S, LIANG Y. The wealth effects of real estate transactions: the case of REITs [J]. The journal of real estate finance and economics, 1995(10): 296 – 307.

[153] MCINTOSH W, OFFICER D T, BORN J A. The wealth effects of merger activities: further evidence from real estate investment trusts [J]. Journal of real estate research, 1989, 4(3): 141 – 155.

[154] MEZNAR M B, NIGH D, KWOK C C Y. Effect of announcements of withdrawal from south Africa on stockholder wealth [J]. Academy of management journal, 1994, 37(6): 1633 – 1648.

[155] MILES M, PRINGLE J, WEBB B. Modeling the corporate real estate decision [J]. Journal of real estate research, 1989, 4(3): 47 – 66.

[156] MOELLER S B, SCHLINGEMANN F B, STULZ R M. Firm size and the gains from acquisitions [J]. Journal of financial economics, 2004(73): 201 – 228.

[157] MORCK R, SHLEIFER A, VISHNY R W. Do managerial incentives drive bad acquisitions? [J]. The journal of finance, 1990(45): 31 – 48.

[158] MORRI G, FALESCHINI A, GIACCOTTO C. Corporate real estate ownership and stock market performance: new evidence from European markets [J]. Journal of property investment & finance, 2023, 41(2): 179 – 195.

[159] MULHERIN J H, BOONE A L. Comparing acquisitions and divestitures [J]. Journal of corporate finance, 2000(6): 117 – 139.

[160]MYER F C, HE L, WEBB J R. Sell - offs of U. S. real estate: the effect of domestic versus foreign buyers of shareholder wealth [J]. Areuea journal, 1992, 20(3): 487 - 500.

[161]NEEDHAM B A. Neo - classical supply - based approach to land prices [J]. Urban studies, 1981(18): 91 - 104.

[162]NELSON T R, POTTER T, WILDE H H. Real estate assets on corporate balance sheets [J]. Journal of corporate real estate, 1999, 2(1): 29 - 40.

[163]NGUYEN P. The role of firm performance in the market reaction to divestiture announcements [J]. Economics bulletin, 2013, 33(2): 1723 - 1728.

[164]NOURSE H O. Using real estate asset management to improve strategic performance [J]. Industrial development, 1986(5 - 6): 1 - 7.

[165]NOURSE H O. Corporate real estate ownership as a form of vertical integration [J]. Real estate review, 1990, Fall: 67 - 71.

[166]NOURSE H O, ROULAC S E. Linking real estate decisions to corporate strategy [J]. Journal of real estate research, 1993, 8(4): 475 - 494.

[167]OOI J T L, SIRMANS C F. The wealth effects of land acquisition [J]. The journal of real estate finance and economics, 2004, 29(3): 277 - 294.

[168]OWERS J E, ROGERS R C. The divestiture of real estate assets by sell - off [J]. Real estate issues, 1986, 11(1): 29 - 35.

[169]PITTMAN R H, PARKER J R. A survey of corporate real estate executives on factors informing corporate real estate performance [J]. Journal of real estate research, 1989, 4(3): 107 - 119.

[170]POTEPAN M. Explaining intermetropolitan variation in housing prices, rents and land prices [J]. Real estate economics, 1996, 24(2): 219 - 245.

[171]PUTRI S H, BUCHDADI A, KURNIANTI D. The impact of profitability, asset structure, and firm size on debt policy in property and real estate companies listed on the Indonesia Stock Exchange (IDX) for the 2015—2020 period [Z]. International Journal of Education, Social Studies, and Management (IJESSM), 2023.

[172]RANEY D. Managing international real estate at Hewlett - Packard [J].

Industrial development, 1990(4): 14 – 16.

[173]REDMAN A L, TANNER J R. The financing of corporate real estate: a survey [J]. Journal of real estate research, 1991, 6(2): 217 – 240.

[174]RICARDO D. The principles of political economy and taxation [M]. First edition 1817. John Murray. Dent and Sons, Ltd. ,1911.

[175]RICHARD R. The hubris hypothesis of corporate takeovers [J]. Journal of business, 1986(59): 197 – 216.

[176]RIDDICK L A, WHITED T M. The corporate propensity to save [Z]. Working paper, American University and University of Wisconsin, Madison, 2007.

[177]RIZKIANI N, YUSNIAR M W. Factor affecting firm value during the COVID – 19 pandemic [J]. International journal of management and economics invention, 2023, 9(5): 2982 – 2994.

[178]RODRIGUEZ M, SIRMANS C F. Managing corporate real estate: evidence from the capital markets [J]. Journal of real estate research, 1996(4): 13 – 33.

[179]ROSTRON J, MOORES J. Sick building syndrome: concepts, issues and practices [M]. London:Spon, 1997.

[180]ROULAC S E. Corporate property strategy is integral to corporate business strategy [J]. Journal of real estate reserch, 2001, 22(1/2): 129 – 152.

[181]ROULAC S E, ADAIR A, MCGREAL S, et al. A current perspective on corporate strategic decision – making [J]. Journal of property investment and finance, 2003, 21(1): 31 – 44.

[182]ROULAC S E, ADAIR A, MCGREAL S, et al. A comparative analysis of companies in the industrial and non – industrial sectors [J]. Journal of property investment and finance, 2005, 23(4): 364 – 378.

[183]RUTHERFORD R C. Empirical evidence on shareholder value and the sale and leaseback of corporate real estate [J]. Areuea journal, 1990 (18): 522 – 529.

[184]RUTHERFORD R C. The impact of sale – leasebacks transactions on bondholder and shareholder wealth [J]. Review of financial economics, 1992, 2(1):

75 - 80.

[185]RUTHERFORD R C, NOURSE H O. The impact of corporate real estate unit formation on the parent firm's value [J]. Journal of real estate research, 1988, 3 (3): 73 - 84.

[186]RYNGAERT M, NETTER J M. Shareholder wealth effects of the Ohio antitakeover law [J]. Journal of law, economics, and organization, 1988, 4(2): 373 - 383.

[187]SCARRETT D. Property valuations: the five methods [M]. London: E & FN Spon, 1991.

[188]SCHAEFERS W. Corporate real estate management: evidence from German companies [J]. Journal of real estate research, 1999, 17(3): 301 - 320.

[189]SCHEFFER J L L, SINGER B P, VAN MEERWIJK M C C. Enhancing the contributions of corporate real estate to corporate strategy [J]. Journal of corporate real estate, 2006, 8(4): 188 - 197.

[190]SEGER J. Corporate real estate ownership under a dynamic business environment [D]. Darmstadt:Technical University of Darmstadt, 2021.

[191]SEGER J, LI A, PFNUER A. Corporate real estate holdings and the stock market performance [J]. Journal of European real estate research, 2020, 13(2): 181 - 206.

[192]SEGER J, PFNÜR A, NASE I. Corporate real estate specificity, ownership and its contribution to firm performance: empirical evidence from the German capital market [C]//26th Annual European Real Estate Society Conference,2019.

[193]SEGER J, STONER K, PFNUER A. The pricing of corporate real estate holdings on the UK capital market [J]. Journal of corporate real estate, 2022, 24 (2): 124 - 142.

[194]SEILER M, CHATRATH A, WEBB J. Real assets ownership and the risk and return to stockholders [J]. Journal of real estate research, 2001, 22(1/2): 199 - 212.

[195]SEPPANEN O A, FISK W J. Summary of human responses to ventilation

[J]. Indoor air, 2004, 14(7): 102 - 118.

[196]SERVAES H. Tobin's q and the gains from takeover [J]. Journal of finance, 1991(46): 409 - 419.

[197]SHARPE S, NGUYEN H. Capital market imperfections and the incentive to lease [J]. Journal of financial economics, 1995(39): 271 - 294.

[198] SILVERMAN R A. Corporate real estate handbook [M]. New York: McGraw - Hill, 1987.

[199]SINK D S. Productivity management: planning, measurement and evaluation, control and improvement [M]. New York: Wiley, 1985.

[200]SLOVIN M B, SUSHKA M E, POLONCHEK J A. Corporate sale - and - leaseback and shareholders wealth [J]. The journal of finance, 1990 (45): 289 - 299.

[201]TANNER J R. The financing of corporate real estate: a survey [J]. Journal of real estate research, 1991, 6(2): 217 - 240.

[202]TEOH W K. Corporate real estate asset management [D]. Lincoln: Lincoln University, 1992.

[203]TEOH W K. Corporate real estate asset management: the New Zealand evidence [J]. Journal of real estate research, 1993, 8(4): 607 - 623.

[204]THOR C G. Designing feedback [M]. Crisp Publications, 1998.

[205]TIMM R. Introduction to corporate real estate practices [Z]. Presentation for the Australian Property Institute, 2001.

[206]TING K H. Corporate real estate investment and ownership: empirical evidence from Bursa Malaysia listed companies [R]. Unpublished research report for UniversityTeknologi MARA with grant support of Real Estate Research and Development Grant Scheme, Valuation and Property Services Department, Ministry of Finance, 2004.

[207]TING K H. Impact of the Asian financial crisis on corporate real estate disposals [J]. Journal of corporate real estate, 2006, 8(1): 27 - 37.

[208]TING K H. Impact of the Asian financial crisis on corporate real estate ac-

quisitions [J]. Journal of corporate real estate, 2007, 9(4): 239 - 256.

[209]TING K H. Sources of net present value gains in the acquisitions of corporate real estate [J]. Journal of corporate real estate, 2008, 10(2): 121 - 129.

[210]TRUNDLE M B. Capturing hiden value for your shareholders[J]. Journal of corporate real estate,2004,7(1):55 - 71.

[211]TSANGARAKIS N V. Shareholder wealth effects of equity issues in emerging markets: evidence from rights offerings in Greece [J]. Financial management special issue: European corporate finance, 1996, 25(3): 21 - 32.

[212]TUZEL S. Corporate real estate holdings and the cross section of stock returns [Z]. Working paper, University of Southern California, 2005.

[213]TUZEL S. Corporate real estate holdings and the cross - section of stock returns [J]. Review of financial studies, 2010, 23(6): 2268 - 2302.

[214]VAN REE H J. The added value of office accommodation to organizational performance [J]. Work study, 2002, 51(7): 357 - 563.

[215]VEALE P R. Managing corporate real estate assets: current executive attitudes and prospects for an emergent management discipline [J]. Journal of real estate research, 1989, 4(3): 1 - 22.

[216] VILLALONGA B. Diversification discount or premium? New evidence from the business information tracking series [J]. The journal of finance, 2004(59): 479 - 506.

[217] VILLALONGA B. Does diversification cause the "diversification discount"? [J]. Financial management, 2004(33): 5 - 27.

[218]VOKURKA R J, FLEDNER G. Measuring operating performance: a specific case study [J]. Production & inventory management journal, 1995, 36(1): 38 - 43.

[219]WALTCH A. Generating high - performance corporate real estate service [Z]. International Development Research Foundation, 1995.

[220]WHITED T. Debt, liquidity constraints, and corporate investment: evidence from panel data [J]. The journal of finance, 1992(47): 1425 - 1460.

[221] WILLS P C. Corporate real estate practice in Australia [J]. Journal of corporate real estate, 2008, 10(1): 40 – 53.

[222] WILSON P M. The role of corporate real estate in adding shareholder value [J]. Corporate real estate executive, 1996(9): 25 – 29.

[223] WRIGHT P, FERRIS S P. Agency conflict and corporate strategy: the effect of divestment on corporate value [J]. Strategic management journal, 1997, 18(1): 77 – 83.

[224] WU J, XU D, PHAN P. The effects of ownership concentration and corporate debt on corporate divestitures in Chinese listed firms [J]. Asia Pacific journal of management, 2011, 28(1): 95 – 114.

[225] YONTZ W L. Transformation of the real estate functions into a corporate strategic business partner [J]. Journal of corporate real estate, 2001, 4(1): 25 – 33.

[226] YOUNG P J. The value of control: evidence from full and partial acquisitions in the real estate industry [Z]. Working paper, Southwest Missouri State University, 1993.

[227] YU S M, LIOW K H. Do retail firms benefit from real estate ownership? [J]. Journal of property research, 2009, 26(1): 25 – 60.

[228] YURISAFIRA O D, SUNITIYOSO Y, RAHADI R A. Macroeconomic and financial dimensions influences on Indonesia's property and real estate companies value (2017 – 2022) [J]. International journal of research in business and social science, 2023, 12(9): 229 – 240.

[229] ZECKHAUSER S, SILVERMAN R. Rediscover your company's real estate [J]. Harvard business review, 1983(2/3): 111 – 117.

[230] ZHANG H. Wealth effects of US bank takeovers [J]. Applied financial economics, 1995, 5(5): 329 – 336.

[231] 安灵，刘星．资产出售的财富效应存在吗?:基于上市公司资产出售动机的经验证据 [J]. 证券市场导报，2007 (6): 57 – 62.

[232] 陈汉文，陈向民．证券价格的事件性反应:方法、背景和基于中国证券市场的应用 [J]. 经济研究，2002 (1): 40 – 48.

[233]陈信元，张田余．资产重组的市场反应:1997 年沪市资产重组实证分析 [J]. 经济研究，1999(9)：48－55.

[234]杜红艳，马永开．我国房价与租金 Granger 因果关系的实证研究[J]. 管理评论，2009，21(1)：94－99.

[235]冯巍．内部现金量和企业投资:来自我国股票市场上市公司财务报告的证据[J]. 经济科学，1999(1)：52－58.

[236]高根．兼并、收购与公司重组 [M]. 朱宝宪，吴亚君，译．北京:机械工业出版社，2004.

[237]李善民，陈玉罡．上市公司兼并与收购的财富效应 [J]. 经济研究，2002(11)：27－35.

[238]李善民，刘力，许年行，等．中国上市公司并购与重组的实证研究 [M]. 北京:中国财政经济出版社，2003.

[239]刘娥平．中国上市公司可转换债券发行公告财富效应的实证研究 [J]. 金融研究，2005(7)：45－56.

[240]刘力，王汀汀，王震．中国 A 股上市公司增发公告的负价格效应及其二元股权结构解释 [J]. 金融研究，2003(8)：60－71.

[241]陆国庆．中国上市公司不同资产重组类型的绩效比较:对 1999 年度沪市的实证分析 [J]. 财经科学，2000(6)：20－24.

[242]梅丹．我国上市公司固定资产投资规模财务影响因素研究 [J]. 管理科学，2005，18(5)：80－88.

[243]任冷．公司治理的内部机制和外部机制 [J]. 南开经济研究，1999(3)：20－25.

[244]施东晖．转轨经济中的所有权与竞争：来自中国上市公司的经验证据 [J]. 经济研究，2003(8)：46－54.

[245]唐莉．中国上市公司资产出售的财富效应研究 [J]. 财经问题研究，2004(12)：43－49.

[246]童盼，陆正飞．负债融资对企业投资行为影响研究：述评与展望 [J]. 会计研究，2005(12)：71－75.

[247]益智，张为群．我国上市公司股份回购财富效应分析:兼论股权分置

改革背景下回购作用［J］. 商业经济与管理，2005，168(10)：51－56.

［248］尹苑生，雷良海. 我国上市公司股份回购财富效应的系统研究［J］. 现代管理科学，2006(4)：17－18.

［249］袁显平，柯大纲. 事件研究方法及其在金融经济研究中的应用［J］. 统计研究，2006(10)：31－35.

［250］张新. 并购重组是否创造价值？——中国证券市场的理论与实证研究［J］. 经济研究，2003(6)：20－29.